FORUM DEUTSCHE LITERATUR 5

Konin Imanishi

Hartmanns *Iwein* und die *Proverbia Salomonis*
Ein Beitrag zur mittelalterlichen Moralphilosophie

m press »
Martin Meidenbauer Verlagsbuchhandlung

Die Deutsche Bibliothek verzeichnet diese Publikation in der Deutschen Nationalbibliografie; detaillierte bibliografische Daten sind im Internet über http://dnb.ddb.de abrufbar.

© 2006 Martin Meidenbauer
Verlagsbuchhandlung, München

Alle Rechte vorbehalten. Dieses Werk einschließlich aller seiner Teile ist urheberrechtlich geschützt. Jede Verwertung außerhalb der Grenzen des Urhebergesetzes ohne schriftliche Zustimmung des Verlages ist unzulässig und strafbar. Das gilt insbesondere für Nachdruck, auch auszugsweise, Reproduktion, Vervielfältigung, Übersetzung, Mikroverfilmung sowie Digitalisierung oder Einspeicherung und Verarbeitung auf Tonträgern und in elektronischen Systemen aller Art.

Gedruckt auf
chlorfrei gebleichtem, säurefreiem und
alterungsbeständigem Papier (ISO 9706)

m-press ist ein Imprint der
Martin Meidenbauer Verlagsbuchhandlung

ISBN 3-89975-570-7

Verlagsverzeichnis schickt gern:
Martin Meidenbauer Verlagsbuchhandlung
Erhardtstr. 8
D-80469 München

www.m-verlag.net

K. U.-I.
gewidmet

Inhalt

Einleitung 9

I. Kapitel
Deutungsversuch von der
Löwen-Drachen-Kampfepisode
(Erster Versuch) 13

II. Kapitel
Übereinstimmung des *Iwein*
mit den *Proverbia Salomonis* 25

III. Kapitel
Deutungsversuch vom *Iwein* mit Hilfe der *Proverbia Salomonis* und gelegentlich des *Ecclesiasticus*

Abschnitt (a)
Über die Löwen-Drachen-Kampfepisode
(Zweiter Versuch), *Iweins* Weg und Schuld 49

Abschnitt (b)
Über den Löwen 71

Abschnitt (c)
Über *Gawein, Artus* und die Artusgesellschaft
1) Über *Gawein* 94
2) Über den *König Artus*
und die Artusgesellschaft 103

Schlußbemerkungen 119

Nachwort 127

Literaturverzeichnis 129

Einleitung

Obwohl wir zahlreiche unterschiedliche widerspruchslose und daher annehmbare Werk-Interpretationen von *Iwein* haben, sind sie doch meistens zu einseitig und brüchig, als daß sie hätten überzeugen können, weil *Hartmanns* Darstellung des *Iwein* eine mehrdeutige Funktion hat[1]. Was der Dichter eigentlich im Werk thematisiert – diese Frage bleibt daher, wenn die Erzählinhalte des Werks auch von unterschiedlichen Gesichtspunkten mehrschichtig und mehrdeutig interpretiert werden können, doch immer noch ein Forschungsproblem.

Hinsichtlich dieser allgemeinen Forschungslage habe ich in der vorliegenden Arbeit ein **reduktives**[2] Deutungsexperiment angestellt und versucht, die von Hartmann intendierte, religiös-sittliche Erzählkonzeption textnah aufzufassen, da ich davon ausging, daß hier das Problem der Forschung liegt, obwohl die religiös-sittliche Erzählkonzeption des Dichters oft unbesorgt ignoriert oder in der mittelalter-gemäßen theologisch-philosophischen und sozialisationsprogrammatischen[3] Sicht allzu allgemein und verschwommen interpretiert wird.

Was ist der Grundgedanke der Dichtung? Worin liegt die Schuldhaftigkeit des Iwein? Solche Fragen bleiben noch offen: da auf die für das Verständnis des Werks erforderlichen, kulturellen Vorkenntnisse noch nicht genügend zurückgegriffen

---

[1] s. z.B. wie unterschiedlich der Löwe des Werkes interpretiert wird und werden kann.
[2] s. "Die zeitgenössischen Denkmethoden" von I.M. Bochénski, Bern 1954, S. 73-78 und 100-137.
[3] s. "Literatur und Geschichte im Mittelalter" von O. Ehrismann und H.H. Kaminsky, Regensburg 1976, S. 132-133.
Hartmanns moralisch-sittliche Erzählthemen werden oft unter dem Begriff *höfisch* interpretiert, aber solche Auffassung (z.B. Sparnaays) erklärt kaum seine **Erzählkonzeption**: viel mehr sieht man dabei Hartmanns didaktische Absicht, die man schon allgemein annimmt. "Hartmanns Erzähler kritisiert den Verstoß gegen die Norm *höfischen* Verhaltens": so interpretiert es auch Norbert Heinze (s. "Zur Gliederungstechnik Hartmanns von Aue", Göppingen 1973, S. 147). — (s. Hartmann von Aue von H. Sparnaay, Darmstadt 1975, S. 55-56 im II. Band).

wird, setzen die Forscher mehrere mittelaltergemäße Vorkenntnisse je nach dem Forschungsinteresse fast beliebig als Deutungshilfe voraus.

Welche Vorkenntnisse **für das Verständnis des *Iwein*** ausgewählt werden und wie diese bei der Deutungsarbeit anzuwenden sind: diese deutungsmethodischen Überlegungen sind daher von großer Wichtigkeit, weil die Deutungsergebnisse gänzlich davon abhängig sind.

Nach welcher Regel soll die Auswahl der Vorkenntnisse getroffen werden? Auf diese methodische Frage gibt es sicherlich keine allgemein gültige, ausschlaggebende Antwort, aber man kann wohl angesichts der oben erwähnten Forschungslage darauf aufmerksam machen:

1. Die Kenntnisse, die **für das Verständnis des *Iwein*** vorausgesetzt werden, müssen die Funktion haben, die uns merkwürdige Darstellungsweise der Erzählinhalte (z.B. die Episode mit Lunetes 'gâchspîse': V. 1218ff. oder die Löwen-Drachen-Kampfepisode oder jenes rasch geführte, gute Ende der Erzählung etc.) verständlich zu machen, und folglich die vom Dichter intendierte Erzählkonzeption zu klären, und **nicht bloß** die Funktion, das Werk als mittelalterlich zu kennzeichnen.

2. Die Kenntnisse, die schonanerkannterweise oder überprüfbarerweise im Text dargelegt sind, muß man, wenn sie auch irrelevant erscheinen, vor allem bei der Auswahl beachten.

Diese zwei Leitgedanken sind nur dann bedeutsam, wenn bei der Auswahl eine genügende Textbetrachtung ausgeführt und nach der Darstellungstendenz des Dichters untersucht wird, was für ein Vorwissen[4] des Publikums vom Dichter in Rechnung gestellt werden kann.

Wie muß man solche Vorkenntnisse bei der Deutungsarbeit anwenden? Auf diese Frage sind wohl zwei Antworten zu geben:

---

[4] s. "Lektürekolleg zur Textlinguistik", Band 1: Einführung von Kallmeier, Klein, Meyer-Hermann, Netzer, Siebert, Frankfurt am Main 1974, S. 142 und 192.

1. Wenn die allgemein anerkannten, mithin relevanten Kenntnisse ausgewählt werden, dann sind sie entweder als Deutungshinweis oder als Beweishilfe, aber keineswegs von **voneherein** als Beweismaterial für die Deutungsrichtigkeit anzuwenden.

2. Wenn eine bestimmte Kenntnis (dies kann ein philosophisch-theologischer Gedanke eines Denkers sein) als Deutungshilfe angenommen wird, dann ist besonders erforderlich, daß die Zusammenhänge zwischen dem Text und der Kenntnis gründlich geklärt und **nachprüfbar** gemacht werden.

Hierfür ist noch folgendes zu bemerken: die Richtigkeit und Wahrscheinlichkeit der Deutung besteht nicht bloß im widerspruchslos durchgeführten Deutungsverfahren, sondern vor allem darin, ob und inwieweit das Ergebnis der Untersuchung und Deutung mit dem Werk im Einklang steht.

In den erwähnten methodischen Ansichten habe ich bei der Arbeit jenes, von I.M. Bochénski referierte **reduktive** Deutungsverfahren angewandt (ich möchte das vorliegende Arbeitsverfahren nicht mit dem Wort "hypothetisch-deduktiv" bezeichnen, da diese Fassung mir ungenau erscheint) und ich habe oben meine Arbeit ein reduktives Experiment genannt, denn ein experimenteller Charakter derselben liegt darin, daß die Arbeit auf einen Bereich **methodisch beschränkt** ausgeführt wird, indem ihre Ergebnisse textnah überprüft werden können; obwohl diese Beschränkung in Frage gestellt werden kann[5].

  (1) Deduktion: wenn A, dann B
      nun aber A
      also B.
  (2) Reduktion: wenn A, dann B
      nun aber B
      also A.

---

[5] Zwar kann man diese methodische Beschränkung für riskant halten, aber die Gefahr dieses Verfahrens ist nicht so groß, denn es ist möglich zu überprüfen, ob und inwieweit das Ergebnbis desselben stimmt.

Diese zwei Formulierungen, die die "Grundformen des Schließens" genannt werden, zeigt Bocheński, um den Grundunterschied zwischen der Deduktion und der Reduktion zu erklären[6]. Wenn A – ein gewisses Vorwissen des Publikums vom Dichter vorausgenommen wird –, dann B – kann erst unter diesem Vorwissen der Erzählzusammenhang der Dichtung begreiflich wird –. Um die Aussage "nun aber B" in (2) zu gewinnen, habe ich in der vorliegenden Arbeit versucht, von der Textbetrachtung auszugehen und möglichst nahe am Text zu bleiben, damit die Untersuchungsergebnisse stets im Hinblick auf den Text nachgeprüft werden können.

In dieser Hinsicht unterscheidet sich die vorliegende Arbeit von der bisherigen Forschung, die sich zwar auf einen bestimmten Themenkreis beschränkt, doch in umfangreicher Untersuchungssicht, das Werk zu interpretieren versucht (z.B. unter dem Thema "Artusroman" oder "Tier" oder "Märchen" oder "Aventure" usw.)[7]. In dieser Arbeit hingegen habe ich darauf abgezielt, die merkwürdig schwer begreiflichen Erzählinhalte des Werkes mit Hilfe der allgemein-anerkannten Forschungshinweise (Vorkenntnisse) verständlich zu machen, und folglich die **Gesamtvorstellung**[8] des *Iwein* zu veranschaulichen.

Bei der Arbeit habe ich den Text der siebenten Ausgabe G.F. Benecke, K. Lachmann und L. Wolff verwendet[9].

---

[6] s. Anmerkung 2.

[7] Jene Einseitigkeit der bisherigen Interpretationen beruht wohl auf dieser auf Themen konzentrierenden Forschungstendenz.

[8] Es ist förderlich, Hirsch' Ansicht über "Horizont" in Erwägung zu ziehen: "der 'Horizont' ist (also) ein wesentlicher Aspekt dessen, was wir normalerweise als 'Kontext' bezeichnen. ... Es ist (jedoch) von größter Bedeutung, den Horizont zu bestimmen, der die Intention des Autors als Ganzes definiert, denn nur unter Bezugnahme auf diesen Horizont bzw. auf die Vorstellung vom Ganzen kann der Interpret jene Implikationen, die typische und richtige Komponenten des Sinns sind, von denen, die es nicht sind, unterscheiden" ("Prinzipien der Interpretation" von E.D. Hirsch und ü. v. A.A. Späth, Stuttgart 1972, S. 276).

[9] s. "Zur Gliederungstechnik Hartmanns von Aue" von Norbert Heinze, Göppingen 1973, S. 103.

I. Kapitel
Deutungsversuch von der Löwen-Drachen-Kampfepisode

(Erster Versuch[1])

sich bôt der lewe ûf sînen vuoz und zeict
im unsprechende gruoz mit gebærde und
mit stimme. (Iwein, V. 3869-71)

Diese Szene scheint uns sicherlich komödienhaft zu sein, wenn wir sie nicht im mittelalterlichen Sinne deuten würden: da es uns z.b. möglich ist, im Zoo einen leibhaftigen Löwen zu beobachten, ist es uns auch möglich, ihn zoologisch zu erklären. Nun wurde aber das Werk "Iwein" im Mittelalter verfaßt. Es ist also zu untersuchen, was das mittelalterliche Publikum sich unter einem Löwen vorstellen konnte und was der Dichter damit seinem Publikum verständlich machen wollte. Hartmanns "Iwein" ist sicher kein Märchen für Kinder, obwohl man im Werk märchenhafte Erzählinhalte[2] finden kann.

Die Interpreten haben daher vielfache Deutungsversuche unternommen und den "Löwen" als die *animal nature* des *courtly knight* (Hugh Sacker), Christus (A.T. Hatto), Gottesboten (Walter Ohly), das *Wunder* (Hugo Kuhn), ein Symbol des Rechts (Friedrich Ohly), Kreatur + ein Instrument der Erziehung vom Egoismus weg zum Altruismus + Edle Seelenmacht + Symbol der Treue (H. Linke), Symbol des Guten (Armin Meng) und Iweins *tierhaftes anderes Ich* (H. Zimmer) etc. betrachtet[3]. Worauf wollte aber Hartmann eigentlich mit der Lö-

---

[1] Zweiter Versuch wird im Abschnitt (a) des III. Kapitels unternommen.
[2] s. Zauberbrunnen (V. 621), Tarnring (V. 1202), Wundersalbe (V. 3423).
[3] s. H. Sacker: "The Germanic Review", 36, 1961, S.20; A.T. Hatto: "'Der Aventiure Meine' in Hartmann's Iwein", in: Norman-Festschrift, London 1965, S.97-98; W. Ohly: "Die heilsgeschichtliche Struktur der Epen Hartmanns von Aue", Berlin 1958, S.128; H. Kuhn: "Annalen der deutschen Literatur", Stuttgart 1952/1971, S.134; F. Ohly: "Vom geistigen Sinn des Wortes im Mittelalter" S.6ff, in: "Schriften zur mittelalterlichen Deutungsforschung", Darmstadt 1977; H. Linke: "Epische Strukturen in der Dichtung Hartmanns von Aue", München

wen-Episode abzielen? Auf diese Frage zu antworten ist sicher schwierig; H. Linke äußert, daß alle Versuche, die Rolle des Löwen zu erfassen, darunter leiden, daß sie ihn auf **eine** Bedeutung festlegen wollen, obwohl Hartmanns Löwe ein mehrdeutiges Wesen sei, das an verschiedenen Stellen und auf verschiedenen Ebenen Verschiedenes bedeute[4]. Diese Äußerung ist allerdings beachtenswert, aber man muß wohl genau wissen, daß es zwischen den folgenden Fragen einen großen Unterschied gibt: "was wollte Hartman damit seinem Hörer verständlich machen?" und "was konnte sich das Publikum des Mittelalters darunter vorstellen?"; wenn diese auch zu jener in untrennbarer Beziehung steht, beruht die Verwicklung der verschiedenen Deutungen wohl auf der Konfusion jener Fragearten.

H. Linke betont nach seiner kompositorischen Oppositionsbestimmung des Erzählteils, zu Sackers Deutung (Löwe = stumme Kreatur und *a highly moral being*) geneigt, daß der 'lewe' und der 'wurm' nicht Fabelwesen, sondern Seelenmächte, edle und gemeine seien und daß Hartmann durch die 'Löwen-Drachen-Kampfepisode' (V. 3828-3863) den inneren Vorgang der Selbstüberwindung seines Helden zum Ausdruck bringe, und hält einen Spruch Walters von der Vogelweide (Lachmann, Nr. 81,7) für einen Bezeugungsgrund zur Deutung[5]. Armin Meng interpretiert ebenfalls die Kampfepisode wie folgt: "der Kampf gegen den Drachen ist ein Kampf gegen den Drachen in Iwein selbst, gegen alles, was ihn an einer vorbildlichen Lebensweise hätte hindern können", und nimmt den Löwen als 'Gute Kräfte" und als elementaren Gegensatz vom Bösen[6]. Es ist wohl möglich, daß Hartmann diese Kampfepisode als Iweins innerseelischen Konfliktszustand darstellte, da wir bei einem Prominenten Hartmanns eine solche beispielhafte, allegorische Darstellungsweise sehen können: im "Parzival" Wolframs von Eschenbach. Aber es ist zu

---

1968, S.144-146; A. Meng: "Vom Sinn des ritterlichen Abenteuers bei Hartmann von Aue", Zürich 1967, S.61-64; bzgl. Zimmers Auffassung: Mengs obige Arbeit, S.64.

[4] H. Linke, a.a.O., S.144
[5] ebd. S.144-146
[6] A. Meng, a.a.O., S.61-64

erwägen, ob Hartmann allegorische bzw. metaphorische Bezüge deutlich genug im Werk schildert, da nur dies uns heutigen Lesern leicht erkennbar ist: daß der Dichter in gewisser Absicht von der Vorlage Chrestiens stark abweicht; man muß daher noch näher betrachten, wie anders Hartmann seine Geschichte erzählt, um Hartmanns Abweichungsabsicht sichtbar zu machen.

Chrestien schildert die Kampfszene zwischen dem Löwen und der Schlange (Chrestien V. 3347-3390) wie folgt:

> "Und als er (Yvain) dorthin kam, erblickte er einen Löwen auf einer Rodung und eine Schlange, die sich in den Schwanz des Löwen verbissen hatte und ihm die Flanken mit heißer Flamme versengte. ... Da sagte er sich, daß er dem Löwen zur Hilfe kommen wird, denn alles, was giftig und voller Tücke ist, soll man bekämpfen, wo man kann. Und die Schlange ist giftig und Feuer schlägt aus ihrem Schlund, so voll Bosheit ist sie. Darum denkt Herr Yvain, daß er sie zuerst töten wird. ... Sollte der Löwe danach ihn angreifen, so wird es ihm an Kampf nicht fehlen. Aber was auch danach geschehen mag, einstweilen wird er ihm helfen, denn Mitleid treibt und bewegt ihn, dem edlen und stolzen Tier Beistand und Hilfe zu gewähren. Er dringt mit dem glatt schneidenden Schwert auf die tückische Schlange ein, durchteilt sie bis zum Erdboden und haut sie in zwei Hälften entzwei, schlägt wieder und wieder auf sie ein und versetzt ihr soviele Hiebe, daß er sie ganz verkleinert und zerstückelt. Doch mußte er auch ein Stück vom Schwanz des Löwen abhauen, um den Kopf der tückischen Schlange zu treffen, die sich dahinein verbissen hatte. Nur soviel wie unumgänglich war, schlug er davon ab, weniger war nicht möglich. Als er den Löwen befreit hatte, meinte er, daß der ihn nun anfallen würde und er mit ihm kämpfen müsse;" (Chrestien de Troyes: Yvain, ü.v. Ilse Nolting-Hauff, München 1962, S.171 und S.173).

Betrachtet man diesen Bericht im Hinblick auf Hartmanns, so ist es erkennbar, daß Chrestien deutlicher als Hartmann den Entscheidungsgrund zur Hilfe für den Löwen von Yvain erklärt und seinem Publikum einen wichtigen religiös-sittlichen Begriff 'Mitleid' vorhält. Bei Hartmann steht solche wörtliche Erklärung von Iweins Hilfe nicht. Dieser Dichter streicht dazu die sogenannten komischen Details bei Chrestiens Kampfschilderung: daß Yvain dem Löwen leider soviel

Schwanz abschlagen muß wie unumgänglich nötig (Chrestien v. 3382ff) und daß der Löwe Tränen der Dankbarkeit vergießt (Chrestien v. 3400f). Warum weicht aber Hartmann von der Vorlage Chrestiens ab? Um dies zu klären, erscheint es mir förderlich, Chrestiens scheinbar komische Details[7] noch ein-

---

[7] Obwohl oft Chrestiens Bericht im Vergleichs zu Hartmanns unbekümmert für komödienhaft gehalten wird, ist Schwieterings folgende Ansicht über Chrestien doch zu beachten: "die den Artusroman von innen her formende Idee ist nicht aus mündlich überlieferter Sage zugewachsen, sondern Eigentum eines im Besitz geistlicher und höfischer Bildungsgüter der Zeit befindlichen Dichters, der die überkommenen Motive bretonischer und antiker Sage souverän verwendet und mit eigenen Erfindungen verbindet, um sie dem von ihm gestalteten Ideal der ihn tragenden höfischen Gesellschaft dienstbar zu machen. Das Wesen dieser Neuschöpfung Chrestiens erschließt sich aus der in ihr verkörperten Idee und der sie nährenden höfischen Gesinnung, aber nicht aus der Struktur der einzelnen Teilen zu Grunde liegenden Fabel eines Märchens, einer Sage oder sonstigen Erzählung. Die Frage nach der verwendeten objektiven Form ist erst in zweiter Linie zu stellen, wenn etwa die einheitliche Durchführung der dichterischen Idee dadurch gefährdet wird, daß sich der Dichter von der mündlichen Überlieferung streckenweise allzu sehr treiben läßt. Chrestien scheidet ausdrücklich zwischen 'matière' und 'san' — Stoff und Idee —, und das Publikum des Dichters ist so sehr in geistlich symbolischer Auffassung erzogen, daß es auch im Bereich weltlicher Erzählung über ihren wörtlichen Inhalt hinaus nach beispielhafter Bedeutung fragt, auch wenn sich Erzählung und Sinn ebensowenig restlos decken, wie etwa im geistlichen Gedicht von der Hochzeit" ("Die deutsche Dichtung des Mittelalters" v. J. Schwietering, Potsdam 1932, S.149).
Erwägt man z.B., warum Chrestien die Episode mit Lunetes Essenangebot in jener seltsamen Erzählsituation erzählt (s. "Yvain" ü. v. Ilse Nolting-Hauff, München 1962, S.65), so kann dies, wie später auf S.19 im Zusammenhang mit Hartmanns Bericht (Lunetes 'gâchspîse': V. 1218-1224) erwähnt wird, mit den Sprüchen 25, 21-22 der Proverbia Salomonis in Beziehung stehen: da Chrestien wieder an der Stelle der Begegnung zwischen Iwein und einem Einsiedler dies berichtet:

"Dort nahm der gute Mann (der Einsiedler) aus Barmherzigkeit von seinem Brot und seinem reinen Wasser und stellte es ihm (Yvain) draußen vor ein kleines Fenster" (ebd. "Yvain"m S.149)

mal in Erwägung zu ziehen, denn der fabelähnliche Erzählinhalt der mittelalterlichen Literatur ist nicht als bedeutungslos oder bloß komisch zu nehmen (s. B. Sowinski: Lehrhafte Dichtung des Mittelalters, Stuttgart 1971, S.6ff, 90); Chrestien zeigt sogar in dem "Perceval" eine sinnbildliche Darstellung (Falkenepisode in der Blutstropfenszene)[8]. Im "Yvain" stellt er außerdem die Szene mit dem Löwen-Schlange-Kampf genau im Werkmittelpunkt dar.

In Hinsicht auf das Verständnis der mittelalterlichen Fabel besitzen wohl Chrestiens scheinbar komische Details einen ernsthaften Sinn, denn die Szene mit der Schlange, die sich in den Schwanz des Löwen verbeißt, kann folgendes allegorisieren: eine moralisch schlechte (böse) Sache greift mit einer guten Sache ineinander, da Chrestien deutlich erklärt, daß der Löwe edel (etwas Positives) sei und die Schlange boshaft (etwas Negatives). Jenes Abschlagen des Schwanzes des Löwen hat demgemäß die Bedeutung eines erforderlichen moralischen Verfahrens, das man, das Gute zu bewahren, leider durchführen muß. Jenes wiederholte Hiebeversetzen kann eine moralische Tätigkeit bedeuten, die immer wiederholt ausgeführt werden soll. Yvains Vermutung, daß der Löwe ihn anfallen würde, ist ein Voraussehen des möglichen schlechten Ausgangs der moralischen Tätigkeit zu sehen, weil die folgenden Gedanken als Erzählthema anzunehmen sind: 1. die allgemein für gut (edel) genommene Sache (Löwe) kann schlecht (undankbar, boshaft und gefährlich) sein. 2. die gute Sache kann möglicherweise schlecht (boshaft) werden.

---

ist anzunehmen, daß diese beiden Erzählinhalte bei Chrestien sich an die Sprüche 25, 21-22 anlehnen, denn sie sind im Anschluß an das Thema "Vergelten" dargestellt:

> Si esurierit inemicus tuus, ciba illum; si sitierit, da ei aquam bibere; prunas enim congregabis super caput ejus, et Dominus reddet tibi. (Prov. 25, 21-22)

Es scheint mir nötig zu sein, daß Chrestiens Erzählkonzeption noch präziser betrachtet wird.

[8] s. "Perceval" von Chrestien de Troyes u. Ü. v. K. Sandkühler, Stuttgart 1963, S.78

Sieht man solche Deutungsmöglichkeit[9] des Erzählinhaltes von Chrestien, dann haben die scheinbar bloß komischen Details einen lehrhaft-humoristischen Sinngehalt. Werden unter solcher Episodendeutung die Schwerpunkte in Chrestiens Darstellung betrachtet, so wird thematisch, wie aktiv entschieden Yvain trotz der moralischen Erkennungs- und Verfahrensschwierigkeiten **mit Mitleid** seinen Weg macht.

Vergleicht man Hartmanns Beschreibung über den Löwen-Drachenkampf mit der Chrestiens, so ist folgendes als Hartmanns Darstellungsbesonderheit anzuerkennen:

1. Hartmann streicht die oben erwähnten fabelähnlichen Details bei Chrestien.

2. Er schildert Iweins Beweggrund zu Hilfsaktion andeutend[10] in der problematischen Wirklichkeit ("problematisch", weil Hartmann sofort über Iweins Furcht vor dem Löwen berichtet (s.a. V. 3830 'grimme').

3. Hartmann betont Iweins Zwîvel-Zustand und Furcht vor dem Löwen:

    > hern Îwein tete der zwîvel wê
    > wedern er helfen solde,
    > und bedâhte sich daz er wolde
    > helfen dem edelen tiere.
    > doch vorhter des, swie schiere
    > des wurmes tôt ergienge,
    > daz in daz niht vergienge,
    > der lewe bestüende in zehant. (Iw. V. 3846-3853)

Hartmann erzählt fast auf einen Zug Iweins 'zwîvel', Hilfsentscheidung und Furcht zusammengekoppelt. Chrestien akzentuiert aber Yvains Besonnenheit (rationale Entscheidung) und Mitleid mit dem Löwen: Yvain entscheidet sich bei Chrestien

---

[9] Diese Deutungsmöglichkeit erscheint wohl wie ein bloßer Einfall, aber sie steht mit dem Erzählinhalt Chrestiens in einem thematisch sinnvollen Einklang (dies wird auf S.49-51 im Abschnitt (a) des III. Kapitels noch näher erklärt).

[10] Ich fasse es hier als "andeutend", da ich in diesem Kapitel die biblische Auslegungsmöglichkeit noch ausschalte (s. doch S.60-61).

darüber auf rational entschiedenem Urteilsgrund, wem er helfen solle. Bei Hartmann fehlt eine solche Entscheidung Iweins; Iweins 'zwîvel' erscheint daher ernsthafter als Yvains Überlegung bei Chrestien. Ferner rechnet Chrestiens Yvain mit dem Angriff des Löwen, aber seine Furcht wird nicht ausgedrückt. Iweins innerlicher Zustand, 'vorhte' und 'zwîvel', unterscheidet sich von dem Yvains des fränzösischen Dichters. Hartmann berichtet: 'er (Iwein) **wolde** helfen dem edelen tiere' (V. 3848-3849); Iweins Entscheidung ist wohl für emotional zu nehmen.

Wird diese Darstellungstendenz der beiden Dichter anerkannt, so ist anzunehmen, daß Hartmanns Abweichung der Kampfszene mit seiner Charakterisierung von Iwein in Beziehung steht, denn Hartmann stellt in der späteren Stelle des Textes Iwein als einen empfindsamen Menschen dar, der dies äußert: 'und swenn ich iuch (Lunete) erlœset hât, so sol ich mich selben slân' (V. 4227-4228).

T. Cramer kommentiert diese Stelle wie folgt: "Hartmann vergißt, dieses zugefügte Motiv (mit dem Selbstmord vor der Geliebten) aufzulösen, denn es wird nirgends gesagt, was Iwein von seinem Entschluß wieder abbringt."[11] Ich fasse es vielmehr so auf, daß der Dichter die empfindsame Mentalität Iweins zum Ausdruck bringt, weil es schwer anzunehmen ist, daß Hartmann eine solche eindrucksvolle Aussage Iweins einfach vergißt (s. auch V. 3995-3998)[12]. Außerdem ist noch zu bemerken, daß Chrestien im Unterschied zu Hartmann durch Yvains Beweggrund 'Mitleid' jene sinnbildlich dargestellte, moralisch-sittliche Schwierigkeit rationalistisch beseitigt, aber Hartmann macht dagegen eine grundsätzliche Verwirklichungsschwierigkeit der religiös-sittlichen (moralischen) Tätigkeit sichtbar, indem Hartmann seinen Iwein in eine gewisse religiös-sittliche Verlegenheit setzt und — anders als bei

---

[11] T. Cramers Anmerkung — v. 4215ff — zum "Iwein" der 7. Textausgabe von G.F. Benecke, K. Lachmann und L. Wolff, S.211.

[12] Obwohl es ein wichtiger Hinweis ist, daß die handelnden Personen im Epos als Typ dargestellt werden, so ist es doch erforderlich, zu untersuchen, wie der Dichter Iwein die Tobsucht (V. 3232), Minne-Ohnmacht (V. 3942) und Minne-Verwirrung (V.v. 1478ff, 7808) erleben läßt, so ist die erwähnte Deutung anzunehmen.

Chrestien: 'was auch danach geschehen mag, **einstweilen** wird er ihm (dem Löwen) helfen'[13] – es nicht äußert: 'hern Îwein tete **der zwîvel wê**'[14], 'doch **vorhter** des'[15] und 'dô heter **zwîvel genuoc**' (V. 3866), obzwar folgendes im Text steht: 'doch wâgterz als ein vrum man' (V. 3861).

Hartmann erklärt Iweins Notlage der Entscheidung wie folgt:

> wan alsô ist es gewant,
> als ez ouch undern liuten stât:
> sô man aller beste gedienet hât
> dem ungewissen manne,
> sô hüete sich danne
> daz ern iht beswîche.
> dem was diz wol gelîche.
> (Iwein, V. 3854-3860)

Iwein fürchtet sich vor dem Löwen, weil dieser für ihn 'dem ungewissen manne' gleicht. Diese Zutat[16] ist als Hartmanns Nebenbemerkung der Furcht Iweins zu nehmen und die ganze Löwen-Drachen-Episode ist in allegorisch-moralischem Sinne als eine 'fabel'-mäßige Verbildlichung der religiös-sittlichen Tätigkeit und Verwirklichungsschwierigkeit derselben in der 'mære'-Wirklichkeit zu sehen, denn der Löwe ist für Iwein 'dem ungewissen manne' gleich und ein wildes Tier, obwohl er ein edles Tier zu sein scheint. Iwein steht daher bei Hartmann 'zwîvelhaft' als 'ein vrum man' mitleidig dem Löwen bei,

---

[13] s. das Zitat, das auf S.15 steht.
[14] s. das Zitat, das auf S.18 steht.
[15] s. ebd.
[16] Diese Zutat Hartmanns beachtet man kaum, aber sie erklärt doch, was in der Löwen-Drachen-Kampfepisode motiviert ist (s. S.66-70); "Die tragende Idee, die Chrestien in seiner Dichtung gab, und die gedankliche Beziehung konkreter Einzelheiten zum Allgemeinen sichtbar werden zu lassen, ist das eigentliche Anliegen des Dichters (Hartmann). ... Wo uns aus der Ferne der Zeit der ideale Gehalt Chrestienscher Dichtung nicht mehr ganz eindeutig erscheint, fragen wir meist mit Erfolg bei Hartmann an": so äußert J. Schwietering ("Die deutsche Dichtung des Mitelalters" v. J. Schwietering, Potsdam 1932, S.153).
Diese Betrachtung Schwieterings halte ich nach den Untersuchungsergebnissen des II. Kapitels für bemerkenswert.

und zwar **trotz seiner innerlichen, religiös-sittlichen Verlegenheit**. Hartmann stellt die Grundschwierigkeiten der religiös sittlichen Erkennung in der Wirklichkeit dar, denn es erhebt sich hier die Frage thematisch: ob der Löwe in der Tat gut ist, stets so bleibt oder so sein wird: 'dannoch dô er den wurm erscuoc, dô heter zwîvel genuoc daz in der lewe wolde bestân' (V. 3865-3867). Ob der Löwe Gutes mit Gutem vergelten würde, dies ist in Iweins 'vorhten' enthalten. Zieht man hierzu Iweins 'zwîvel' und 'clage' (V. 4914) vor dem Kampf mit Harpin in Betracht:

	Des wart sîn muot zwîvelhaft.
4870	er gedâhte 'ich bedarf wol meisterschaft,
	sol ich daz wægest ersehen.
	mir ist ze spilne geschehen
	ein gâch geteiltez spil:
	ezn giltet lützel noch vil,
4875	niuwan al mîn êre.
	ich bedarf wol guoter lêre.
	ich weiz wol, swederz ich kiuse,
	daz ich an dem verliuse,
	ich enmöht ir beider gepflegen,
4880	ode beidiu lâzen under wegen,
	ode doch daz eine:
	sô wær mîn angest cleine.
	sus enweiz ich mîn deheinen rât.
	ich bin, als ez mir nû stât,
4885	gunêret ob ich rîte
	und geschendet ob ich bîte.
	nune mag ichs beidiu niht bestân
	und getar doch ir dewederz lân.
	nû gebe mir got guoten rât,
4890	der mich unz her geleitet hât,
	daz ich mich beidenthalp bewar
	sô daz ich rehte gevar. (Iwein, V. 4869-4892)

so ist ablesbar, daß Hartmann wieder im Vergleich zu Chrestien, gleichwie in der Löwen-Drachen-Kampfszene, Iwein in die Lage von 'zwîvel' setzt[17], obwohl Chrestien dagegen Yvains

---

[17] Ich meine damit nicht, daß Hartmann in der Stelle der Kampfepisode mit Harpin Iweins 'erbermde' nicht thematisieren würde (s. Vv. 4740ff., 4859, 4341ff.), sondern weise ich nur darauf hin, daß Hart-

tiefes Mitleid akzentuiert (s. Chrestien Y. ü.v. I. N-H[18], S.205); Chrestien berichtet: "es zerreißt ihm (Yvain) fast das Herz, daß er nicht bleiben kann. Dennoch bricht er noch nicht auf, sondern bleibt und wartet, bis der Riese herangaloppierte (ebd., S.207)." Hartmann dagegen: 'nû schiet den zwîvel und die clage der grôze rise des sî dâ biten' (V. 4914-4915), mithin war Iweins 'muot' stets 'zwîvelhaft' (V. 4869). Iweins Verhalten 'zwîvel' kontrastiert außerdem mit jener den Töchtern des Grafen vom Schwarzen Dorn gegenüber gezeigten Handlungsweise des Gawein thematisch (s.V. 5706-5714). Zwar äußert Iwein vor dem Kampf mit Harpin:

>   ich sag iu wie ich in bestê.
>   als ich iu gelobete ê,
> 4795 kumt er uns vruo ze selher zît,
>   swenne sich endet der strît,
>   daz ich umbe mitten tac
>   ir ze helfe komen mac
>   der ichz ê gelobet hân,
>   sô wil ich in durch iuch bestân, (V.4793-47800)

aber er konnte sich nicht dafür entscheiden, sofort abzureiten, da er wohl zu einem Menschen wurde, der mit großem Ernst darüber reflektieren kann, was gut ist, ob das Gute in der Wirklichkeit als 'gut' gilt, ob man als Handlungsergebnis der guten Tat etwas Gutes erwarten kann und welche gute Tat man zuerst machen soll.

In der Harpin-Aventiure ist ein anderes moralisches (religiös-sittliches) Verfahrungsproblem motiviert: eine schwierige Wahlentscheidung in äußerster Zeitnot[19]. Hartmann stellt,

---

mann in der Textstelle (V. 4869-4892) Iweins 'zwîvel' betont, und zwar **im Vergleich mit Chrestiens Bericht**.

[18] Mit dieser Abkürzung wird Chrestiens "Yvain", das von Ilse Nolting-Hauf (München 1962) übertragen ist, gezeigt.

[19] Kurt Ruh verbindet dieses Motiv der Terminschwierigkeit mit Iweins Schuldproblem und meint, daß Iwein es auf seinem Aventiuren-Weg lernen würde, Termine einzuhalten, aber die Episode der Harpin-Aventiure verdeutlicht vielmehr, wie schwierig es in der Wirklichkeit zu realisieren ist, wenn man, ohne Willensentscheidung, mitleidig die Sache zu erledigen versucht; es erscheint mir fraglich, ob Hartmanns Ansicht über PÜNKTLICHKEIT, wie Ruh meint, aus der termingebundenen Zusammenstellung der Aventiuren erhellt (s. "Zur Interpreta-

viel klarer als Chrestien, Iweins Lage als den Ernst des religiös-sittlichen Lebens dar und macht anschaulich, wie schwer eine gesellschaftlich gerechte, religiös-sittlich gute Mitleidstätigkeit durchführbar ist.

Wird jene Drachentötung (V. 3868) in solcher Sicht in Erwägung gestellt, dann kann sie als Iweins Moralitätserwachen aufgefaßt werden: da der Dichter kurz vor Iweins Hilfsentscheidung für den Löwen (V. 3849) folgendes hinzufügt:

> si (Dame v. Narison) besach in ofte und dicke:
> und wolder lônes hân gegert,
> des wærer dâ gewert:
> ...
3800
> sone stuont ab niender sîn muot:
> ern wolde dehein ander lôn. (V. 3796-3801)

ist wohl anzunehmen, daß Iweins Handlungsabsicht in die religiös-sittliche Richtung geht. In gleicher Hinsicht ist auch der Löwen-Drachen-Kampf als Iweins innere Reflexion über Gut und Böse zu interpretieren.

Die vorausgegangenen Textbetrachtungen weisen darauf hin, daß Hartmanns Abweichungen in der Löwen-Drachen-Kampfszene nicht bloß das Bild des Löwen realistischer als bei Chrestien machen, sondern auch Iweins Charakter anders als Chrestiens Yvain zum Ausdruck bringen und folglich die Schwierigkeit der Verwirklichung der religiös-sittlichen Handlung veranschaulichen. Ich habe oben Hartmanns Löwen-Drachen-Kampfepisode im Vergleich zu Chrestiens Bericht, im allegorisch-moralischen Sinne aufgefaßt und habe dabei Iweins 'vorhten' als eine **religiös-sittliche** Befürchtung einer möglichen schlechten Folge der moralischen Handlung ausgelegt, weil im Werk viele religiös-sittliche Erzählthemen, wie später gezeigt wird[20], enthalten sind. Mir scheint sogar ablesbar zu sein, daß das Werk "Iwein" mit den Proverbia Salomonis und mit dem Ecclesiasticus in enger thematischer Beziehung steht. Ehe

---

tion von Hartmanns 'Iwein'" v. K. Ruh: in "Hartmann von Aue", hg. v. Hugo Kuhn und Christoph Cormeau, Darmstadt 1973, S.415).
[20] im II. und III. Kapitel.

ich also die Löwen-Drachen-Kampfepisode und die anderen Erezähleinzelheiten des Werks näher zu klären und zu deuten versuche, möchte ich die thematischen Übereinstimmungen des "Iwein" mit den Proverbia Salomonis verdeutlichen.

II. Kapitel
Übereinstimmungen des "Iwein" mit den "Proverbia Salomonis"

Es ist zu bemerken, daß diese Untersuchung als Beispiel zu nehmen ist, da ich darauf wegen der Zeitknappheit verzichtet habe, die Übereinstimmungen des Werks mit dem Ecclesiasticus vollständig zu zeigen (s. doch Anmerkungen).[1]

Der Dichter berichtet z.B. dies:

	sî sprach 'welt ir iht essen?'
	er sprach 'gerne, der mirz gît.'
1220	sî gienc und was in kurzer zît
	her wider komen unde truoc
	guoter gâchspîse gnuoc:
	des saget er ir gnâde und danc.
	dô er gâz und getranc, (V. 1218-1224).

Lunete bietet dem tapferen Gefangenen, Iwein (Feind ihrer Herrin), eine gute, genügende 'gâchspîse' an: die Szene kommt uns wohl komödienhaft vor, aber sie kann sich auf die Proverbia Salomonis (Spr. 25, 21-22) beziehen[2], weil in

---

[1] Wie oft die Proverbia Salomonis und das Ecclesiasticus mit den Erzählinhalten Hartmanns in Verbindung gebracht werden können, zeigt Schönbachs Studium "Über Hartmann von Aue" (Graz 1894, s. z.B. S.199-209), obwohl dieser Forscher solch eine besondere Absicht kaum hatte, Hartmanns Werke mit den obigen Bibelstellen in Beziehung zu setzen. Vielmehr verweist Schönbach behutsam darauf, daß unter einem scheinbar biblischen Zitat nicht die Bibel gemeint zu sein braucht (ebd. S.193.). Ich halte jedoch es angesichts der in der Einleitung erwähnten Forschungslage für nötig, eine textnahe eindringliche Anspielungsuntersuchung anzustellen, denn die Frage – welche Kenntnisse als Deutungshilfe für das Verständnis des "Iwein" wenigstens anzunehmen sind – unterscheidet sich von der – wieviele Kenntnisse der Dichter besitzen konnte – oder von der – welche Kenntnisse im Mittelalter allgemein verbreitet waren –.

[2] Obwohl das Motiv der Episode mit Lunetes 'gâchspîse' bisher nach der biblischen Anlehnungsmöglichkeit kaum erwogen wurde, so kann diese Episode doch die Funktion haben, sowohl Hartmanns als auch Chrestiens religiös-sittliche Erzählkonzeption sichtbar zu machen (s. S.15-17) Ob ein solcher scheinbar komischer Erzählinhalt bloß für

den Versen 1178-1197 das 'lônen' thematisch wird (s. auch
V. 3310-3312):

Spr. 25, 21-22   Hungert deinen Feind, so speise ihn
                 mit Brot; dürstet ihn, so tränke ihn
                 mit Wasser.
                 Denn du wirst feurige Kohlen auf
                 sein Haupt häufen, und der HErr
                 wird dir's vergelten.

(Si esurierit inemicus tuus, ciba illum; si sitierit, da ei aquam bibere;
prunas enim congregabis super caput ejus, et Dominus reddet tibi.)

Lunete (diu wîse maget) spricht zu ihrer Herrin:

              swer volget guotem râte,
              dem misselinget spâte.
2155   swaz der man eine tuot,
              und enwirtz dar nâch niht guot,
              sô hât er in zwei wîs verlorn:
              erduldet schaden und vriunde zorn.
              (V. 2153-2158)

---

komödienhaft zu halten ist - diese Frage erscheint daher als eine
wichtige Forschungsfrage. Ferner berichtet Hartmann in der Stelle
vor dieser Episode:

1169-77   Er (Iwein) sprach 'so ensol ich doch den lîp
          niht verliesen als ein wîp:
          michn vindet nieman âne wer.'
          si (Lunet) sprach 'got sî der iuch ner:
          ern beschirme iuch eine, ir sît tôt.
          doch gehabte sich ze grôzer nôt
1175   nie man baz danne iu tuot:
          ir sît benamen wol gemuot.
          des sol man iuch geniezen lân.

Dieser Passus und Lunetes Hilfaktion für Iwein können sogar mit den
Sprüchen 24, 10-11 der Proverbia Salomonis in Beziehung gesetzt
werden:

Prv 24, 10   si desperaveris lassus in die angustiae
             inminuetur fortitude tua
      11   erue eos qui ducuntur ad mortem et
             qui trahuntur' ad interitum liberare necesses

Dieser Rat Lunetes steht wohl mit den folgenden Sprüchen der Proverbia Salomonis in Beziehung: Spr. 15, 22; 18, 1; 20, 18; 24, 6[3].

Als Beispiel:

Spr. 15, 22   Die Anschläge werden zunichte, wo nicht Rat ist; wo aber viel Ratgeber sind, bestehen sie.

(Dissipantur cogitationes, ubi non est consilium; ubi vero sunt plures consiliarii, confirmantur.)

Spr. 18, 1   Wer sich absondert, der sucht, was ihn gelüstet, und setzt sich wider alles, was gut ist.

(Occasiones quærit, qui vult recedere ab amico; omni tempore erit exprobrabilis.)

Bei der Bewirtung für den König Artus denkt Laudine:

>   Der gast wirt schiere gewar,
>   enist er niht ein tôre gar.
>   wie in der wirt meinet; (Iwein, V. 2683-2685)

Dieser Gedanke kann sich, nach der Erzählintention Hartmanns, auf den Spruch 23,1 beziehen[4], da es, wie bekannt[5], anzunehmen ist, daß V. 2702-2708 sich an die Proverbia Salomonis (Spr. 18, 24) anlehnen.

---

[3] Im Anschluß an diese Stelle weist W. Weise darauf hin: Sir 32, 24; 37, 20 und Prv 1, 5; 12, 15 ("Die Sentenz bei Hartmann von Aue", Marburg 1910, S.70).

Sir 32, 24   fili sine consillo nihil facias
             et post factum non paeniteberis
Sir 37, 20   ante omnem operam vertum verax
             praecedat te
             et ante omnen actum consilium
             stabile

[4] W. Weise verweist auf Prv 15, 17 (a.a.O. S.71).
[5] s. Cramers Anmerkung (v. 2706) zum "Iwein" der 7. Textausgabe von G.F. Benecke, K. Lachmann und L. Wolff, S.200; W. Weise bemerkt: Prv 17, 17; 18, 24. (a.a.O. S.69).

| Spr. 23, 1-3 | Wenn du sitzes und issest mit einem Herrn, so merke, wen du vor dir hast und setze ein Messer an deine Kehle, wenn du gierig bist. Wünsche dir nichts von seinen feinen Speisen; denn es ist falsches Brot. |

(Quando sederis, ut comedas cum principe, diligenter attende, quæ apposita sunt ante faciem tuam; et statue cultrum in gutture tuo, si tamen habes in potestate animan tuam, ne desideres de cibis ejus, in quo est panis mendacii.)

Diese Sprüchen liegen wohl auch Iweins Gedanken bei der Bewirtung der zum Schlimmen Abenteurer (V. 6550-6568) zugrunde.

Wird der Bericht über Lunete, die in den Stellen vor und nach der Hochzeit zwischen Iwein und Laudine eine Rolle des Ratgebers spielt, im Zusammenhang mit Lunetes Reue in der Kapelle (V. 4186-4201) betrachtet, so ist deutlich, daß Lunete nicht bloß als 'diu wîse maget', sondern auch als Bürge[6] in

---

[6] Im Hinblick auf das Thema "BÜRGE" ist zu beachten, daß die Bibelkonkordanz nur 17 Stellen zeigt, in denen das Wort "Bürge" enthält: 1M 43, 9; 44, 32. Hi 17, 3. Spr 6, 1; 11, 15; 17, 18; 20, 16; 22, 26; 27, 13. Sir 8, 16; 29, 18-20; 29, 22, 24 und 26 ("Calwer Bibelkonkordanz" Stuttgart 1922, S.183) und daß gerade das "Buch der Sprüche" und das "Buch Jesus Sirach" die Stellen haben, die mit dem Erzählinhalt des "Iwein" in Verbindung gebracht werden können. Dies kann wohl ein Deutungshinweis sein. Im Ecclesiasticus steht:

Sir 8, 16	non spondeas super virtutem tuam quod si spoponderis quasi restituens cogita
Sir 29, 19	vir bonus fidem facit proximo suo et qui perdiderit confusionem derelinquet sibi
20	gratiam fideiussoris ne obliviscaris dedit enim pro te animan suam
21	repromissorem fugit peccator et inmundus

Solche Gedanken der Bibel machen das Thema des Werks erheblich klar: die Verse, Sir 29, 19-21, verständigen uns z.B. von Iweins Lunete gegenüber bloßgestellter Schuldhaftigkeit deutlich (s. Lunetes

der schwierigen Lage der 'mære'-Wirklichkeit thematisch und problematisierend dargestellt ist. Lunete bereut ihre Voreiligkeit:

	mir was ze sînen hulden
	alze liep und alze gâch,
	unde ranc starke dar nâch
	daz er herre wurde hie
4190	leider als ez ouch ergie.
	er behagete mir ze gâhes wol:
	wan swer den man erkennen sol,
	dâ hœret langer wîle zuo.
	ich lobet in leider alze vruo:
4195	ich wânde er kunde lônen baz.
	mîn rât vuoget ime daz
	daz sichs mîn vrouwe underwant
	und gap im lîp unde lant.
	nû hât er uns bewichen
4200	im selben schadelichen.
	ez ist sîn unsælektheit: (Iwein, V. 4186-4201)

Es ist anzunehmen, daß Hartmann im Anschluß an die Sprüche der Proverbia Salomonis (Spr.6, 1-2; 11, 15: 17, 18; 20, 25) diese Reue Lunetes hinzufügte:

Spr. 6, 1-2   Mein Kind, wirst Du Bürge für
deinen Nächsten und hast deine
Hand bei einem Fremden verhaftet,
so bist du verknüpft durch die
Rede deines Mundes und gefangen
mit den Reden deines Mundes.

(Fili mi, si spoponderis pro amico tuo, defixisti apud extraneum manum tuam, illaquaetus es verbis oris tui, et captus propriis sermonibus.)

Spr. 11,15   Wer für einen anderen Bürge wird,
der wird Schaden haben; wer aber
sich vor Geloben hütet, ist sicher.

(Affligetur malo, qui fidem facit pro extraneo; qui autem cavet laqueos, securus erit.)

Spr. 20, 25   Es ist dem Menschen ein Strick,

Scheltrede: v. 3138-3144). Das Kapitel 5 des Ecclesiasticus ist noch als Deutungshilfe anzunehmen (s. z.B. Sir 5, 2, 5-13 und 15-18).

sich mit Heiligem zu übereilen und
erst nach dem Geloben überlegen.
(Ruina est homini devorare sanctos, et post vota retractare.)

'Swer den man erkennen sol, dâ hœret lange wîle zuo' (V. 4192-4293): diese Zutat Hartmanns steht mit Hartmanns Nebenbemerkung über Iweins Furcht vor dem Löwen (V. 3854-3860) in enger thematischer Beziehung; der Dichter macht in bezug auf die Lebensnorm von 'lônen' ein zuverlässiges, freundliches Menschenverhältnis zu einem wichtigen Thema.

Iwein äußert zu der gefangenen Lunete in der Kapelle:

```
              Ez ist reht daz ich iu lône
              der êrbæren Krône
              die ich von iuweren schulden truoc.
4250          ich hete êren genouc:
              waz half mich daz ich golt vant?
              ez ist eht vil unbewant
              zuo dem tôren des goldes vunt:
              er wirfet ez doch hin zestunt.
4255          swie ich zuo mir selben habe getân,
              ir sult iedoch gewis hân,
              ichn lâze iuch niht under wegen.
              wan dô ich tôt wære gelegen,
              dô hulfet ir mir von sorgen:
4260          alsô tuon ich iu morgen.
```

Dieser Passus spielt wohl auf die Sprüche Salomos 17, 16-17 an[7], denn Lunetes Notlage und eine zuverlässige Menschenbeziehung sind in dieser Textstelle thematisiert:

Spr. 17, 16-17   Was soll dem Narren Gold in der
                  Hand, Weisheit zu kaufen, so er
                  doch ein Narr ist?
                  Ein Freund liebt allezeit, und
                  als ein Bruder wird er in der
                  Not erfunden.

(Quid prodest stulto habere divitas, cum sapientiam emere non posset? Qui altam facit donum suam, quærit ruinam; et qui evitat discere, in-

---

[7] Sowohl Weise (a.a.O. S.65) als auch Cramer (Anm. — v. 4251 — zum "Iwein", S.212) verweist auf Prv 17, 16.

cidet in mala. Omni tempore diligit, qui amicus est; et frater in angustiis comprobatur.)

Wird Hartmanns Personenbeschreibung des Keie unter dem Vorwissen der folgenden Sprüche Salomos betrachtet, dann ist annehmbar, daß Hartmann ihn zur negativen Beispielsfigur der Bibel stilisiert (s. Vv. 138-158, 2462-2645, 4645-4663)[8], obwohl der Dichter hinzufügt, daß Keie 'vil unervorht' sei (V. 2567):

---

[8] Im Ecclesiasticus steht auch:

Sir 6, 1	noli fieri pro amico iminicus proximo
	inproperium enim et contumeliam malus hereditabit
	et omnis peccator invidus et bilinguis
2	non te extollas in cogitatione animae tuae velut taurus
	ne forte elidatur virtus tua per stultitiam
19, 5	qui gaudet iniquitati denotabitur
	et qui odit correptionem comminuetur vita
	et qui odit loquacitatem extinguit malitiam
Sir 19, 6	qui peccat in animam suam paenitebitur
	et quiiucundatur malitia denotabitur
7	ne iteres verbum nequam et durum
	et non minoraberis
8	amico et inimico noli enarrare sensum tuum
	et si est tibi delictum noli denudare
9	audiet enim te et custodiet te
	et quasi defendens peccatum odiet te
	et sic aderit tibi semper
10	audisti verbum adversus proximum
	conmoriatur in te
	fidens quoniam non disrumpet
16	et non verbo credas
	est qui labitur lingua sed non ex animo
20, 5	et est odibilis qui procax est ad loquendum
7	homo sapiens tacebit usque ad tempus
	lascivus autem inprudens non servabunt tempus
8	qui multis utitur verbis laedit animam suam
	et qui potestatem sibi adsumit iniuste odietur
22	ex ore fatui reprobabitur parabola
	non enim dicit illam in tempore suo
23, 20	homo adsuetus in verbis inproperii
	in omnibus diebus suis non erudietur
27, 18	dilige proximum et coniungere fide cum illo

Spr. 17, 7   Es steht einem Narren nicht wohl an,
von hohen Dingen zu reden, viel weniger
einem Fürsten, daß er gern lügt.

(Non decent stultum verba composita, nec principem labium mentiens.)

, 9-11   Wer Sünde zudeckt, der mach Freundschaft; wer aber die Sache aufrührt,
der macht Freunde uneins.
Schelten bringt mehr ein an dem
Verständigen denn hundert Schläge
an dem Narren.
Ein bitterer Mensch trachtet, eitel
Schaden zu tun; aber es wird ein
grimmiger Engel über ihn kommen.

(Qui celat delictum, quærit amicitias: qui altero sermone repitit, separat fœderatos. Plus proficit correptio apud prodentem, quam centum plæge apud stultum. Semper jurgia quærit malus; angelus autem crudelis mittetur contra eum.)

, 15   Wer den Gottlosen gerechtspricht
und den Gerechten verdammt, die
sind beide dem HErrn ein Greuel.

(Qui justificat impium, et qui condemnat justum, abo minabilis est uterque apud Deum.)

, 26   Es ist nicht gut, daß man den
Gerechten schindet, noch den
Edelen zu schlagen, der recht
handelt.

(Non est bonum, damnum inferre justo, nec percutere principem, qui recta judicat.)

Spr. 18, 7   Der Mund des Narren schadet ihm
selbst, und seine Lippen fangen
seine eigene Seele.

(Os stulti contritio, et labia ipsius, ruina animæ ejus.)

Übrigens kann sich jene Episode mit dem Redestreit zwischen der Königin und Keie (V. 137-182) auf den Spruch 9, 7 der Proverbia Salomonis beziehen:

Prv 9, 7   qui erudit derisorem ipse sibi facit
iniuriam et qui arguit impium
generat maculam sibi

Spr. 24, 9   Des Narren Tücke ist Sünde, und
             der Spötter ist ein Greul vor
             den Leuten.

(Cogitatio stulti peccatum est, et abominatie hominum detractor.)

Spr. 25, 8   Fahre nicht bald heraus, zu zanken;
             denn was willst du hernach machen,
             wenn dich dein Nächster beschämt hat?

(Quæ viderunt oculi tui, ne peforas in jurgio cito, ne postea emendare non possis, cum dehonestaveris amicum tuum.)

Spr. 27, 1-2   Rühme dich nicht des morgenden Tages;
               denn du weist nicht, was heute sich
               begeben mag.
               laß dich einen anderen loben, und nicht
               deinen Mund, — einen Fremden, und nicht
               deine eigenen Lippen.

(Ne glorieris in crastium, ignorans, quid superventura pariat dies. Laudet te alienus, et non os tuum: extraneus, et non labia tua.)

Hartmann berichtet über den Knappen der II. gastfreundlichen Burg:[9]

> der (knappe) erkande wol sîns herren muot:
> sîn herre was biderbe unde guot,
> daz wart wol an dem knappen schîn: (V. 5581-5583)

Dieser Zusatz kann sich an den Spruch 29, 12 anlehnen:

Spr. 29, 12   Ein Herr, der zu Lügen Lust hat,
              des Diener sind alle gottlos.

(Princeps, qui libenter audit verba mendacii, omnes ministros habet impios.)

Dieser Gedanke tritt außerdem auch in den folgenden Stellen des Textes auf: Vv. 4811-4817, 6067-6068, 6557-6565. Übrigens ist wohl anzunehmen, daß der Dichter die Botin der jüngeren Tochter des Grafen vom Schwarzen Dorn mit dem

---

[9] s. Sir 10,2; 13, 19-20 (auf S. 68 zitiert)

Spruch 13, 17 der Proverbia Salomonis in Verbindung bringt (V. 6062-60-67).[10]

Im "Buch der Sprüche" steht folgendes:

Spr. 16, 6 Durch Güte und Treue wird Missetat versöhnt,
und durch die Furcht des HErrn meidet man das Böse.

(Misericordia et veritate redimitur iniquitas, et in timore Domine declinatur a malo.)

Spr. 18, 12 Wenn einer zu Grunde gehen soll, wird sein Herz zuvor stolz;
und ehe man zu Ehren kommt, muß man zuvor leiden.

(Antequam conteratur, exaltatur cor hominis; et antequam glorificetur, humiliatur.)

Spr. 22, 4 Wo man leidet in des HErrn Furcht, da ist Reichtum, Ehre und Leben.

(Finis modestiæ timor Domini, divitæ et gloria et vita.)

Spr. 28, 13-14 Wer seine Missetat leugnet, dem wird es nicht gelingen;
wer sie aber bekennt und läßt, der wird Barmherzigkeit erlangen.
Wohl dem, der sich allewege fürchtet, wer aber sein Herz verhärtet, wird in Unglück fallen.

(Qui abscondit scelera sua, non dirigetur; qui autem confessus fuerit, et reliquerit ea, misercordiam consequetur. Beatus homo, qui semper est pavidus; qui vero mentis est duræ, corruet in malum.)

Die Kenntnis solcher Gedanken[11], die hier zum Ausdruck kommen, machen es verständlich, daß das Werk "Iwein" ziemlich rasch ein gutes Ende nimmt, wenn dies auch uns heutigen Lesern merkwürdig vorkommt. Der Dichter berichtet über Iweins Weg:

---

[10] Cramer verweist auf Prv 13, 17; 26, 6 (Anm. 'v. 6065' zum "Iwein", S.218). Weise bemerkt: Prv 10, 26; 25, 13; 26, 6 ("Die Sentenz bei Hartmann von Aue", S.70).

[11] s. auch Sir 4, 14-15; 6, 28-29; 11, 11-14; 17, 20-21.

> daz leben was gnuoc kumberlich.
> sus leit er arbeit genuoc,
> unz daz in der wec truoc
> dâ er eine burc sach. (V. 5574-5577)

Iwein äußert, sich nach Laudine sehnend, folgendes:

> gewinne ich kumber dâ von,
> sô bin ich kumbers wol gewon
> und lîd in gerner kurzer tage
> danne ich iemer kumber trage.
> doch lîd ich kumber iemer mê,
> irn getuo der kumber ouch sô wê (V. 7797-7802)

Diese Verse sind Hartmanns Zutat. Es ist zu beachten, daß der Dichter das Wort 'lîd' zur Anwendung bringt, weil in dieser Szene mit Iweins Klage nicht nur Iweins empfindsame Mentalität ablesbar wird, sondern auch wohl Hartmanns Vorbereitung zum Schließen des Werks (s. auch V. 8102-8147).

Der Dichter schildert die Szene mit jenem 'âne zuht' dem totwunden Askalon zugefügten Schlag Iweins wie folgt:

```
              ez was swære unde sneit
1100          sô sêre daz ez niht enmeit
              ezn schriete îsen unde bein.
              nune kunde sich her Îwein
              niht geüeten dâ vor
              unde valte daz tor,
1105          und sluoc zen selben stunden
              dem wirte eine wunden,
              und genas als ich iu sage.
              er hete sich nâch dem slage
              hin vür geneiget unde ergeben:
1110          alsus beleip im daz leben,
              dô daz tor her nider sleif,
              deiz im den lîp niht begreif (V. 1099-1112)
              ..........
              er genas als ein sælec man. (V. 1118)
```

Hartmann stellt die Unbegreiflichkeit des Handlungsausgangs und der Gottesvorsehung dar und hält sie seinem Publikum problematisch vor (s. Hartmanns Abweichung V. 1105-1108 u. Zutat V. 5035-5038); ferner steht im Text:

| 1295 | solden si in iemer vinden
daz heten sî ouch dô getân.
daz bette enwart des niht erlân
sîne ersuochtenz under im gar.
bî sîner genist nim ich war,
unz der man niht veige enist,
sô nert in vil cleiner list. (V. 1294-1300) |

Solche religiös-sittliche Thematik des Dichters kann, da im Werk der **Weise**, **Bürge**, **Freund** und **Bote** als Erzählthema behandelt werden, auch auf die Proverbia Salomonis sich beziehen[12], wo steht:

Spr. 16, 4   Der HErr macht alles zu bestimmtem
Ziel, auch den Gottlosen für den
bösen Tag.

(Universa propter semetipsum operatus est Dominus; impium quoque ad diem malum.)

, 9   Des Menschen Herz erdenkt sich
seinen Weg; aber der HErr allein
gibt, daß er fortgehe.

(Cor hominis disponit viam suam; sed Domini est dirigere gressus ejus.)

Spr. 20, 24   Jedermanns Gänge kommen vom HErrn.
Welcher Mensch versteht seinen Weg?

(A Domino diriguntur gressus viri; quis autem bominum intelligere potest viam suam?)

Spr. 21, 31   Rosse werden zum Streittage bereitet;
aber der Sieg kommt vom HErrn.

(Equus paratur ad diem belli; Dominus autem salutem tribuit.)

Solcher religiöse Gedanke kann dem Werk zugrunde liegen. — Das "Buch der Sprüche" gilt außerdem wohl als eine praktische, sittliche Norm der Zeit:

Die veter habent ir kint erzogen,
dar an si bêde sint betrogen:
si brechent dicke Salomônes lêre.
Der sprichet, swer den besemen spar,
daz der den sun versûme gar:

---

[12] s. Sir 4, 14-15; 6, 28-29; 11, 11-14; 17, 20-21.

> des sint die ungeberten gar âne êre.
> Hie vor dô was diu werlt sô schœne,
> nû ist si worden alsô hœne:
> des enwas niht wîlent ê: (Lachmann, 23, 26)

Dies dichtet Walter von der Vogelweide, der prominente Zeitgenosse Hartmanns; es ist anzunehmen, daß Hartmann das Vorwissen seines Publikums von den Proverbia Salomonis in Rechnung stellt, weil im Anschluß an dieselben das Werk, wie im III. Kapitel weiter erklärt wird, auch **uns** in thematischer Sicht begreiflich wird.

Hartmann berichtet:

> Her Gâwein sîn geselle
> der wart sîn ungevelle.
> durch nôt bescheid ich iu wâ von:
> wan diu werlt ist des ungewon,
> swer vrumen gesellen kiese,
> daz er dar an verliese. (V. 3029-3034)

Der Dichter stellt, auf die 'proviedentia Dei' bezogen, Gawein 'den besten vriunt', der im Spruch 18, 24 von den Proverbia Salomonis hoch gepriesen wird, in der Wirklichkeit der 'mære' problematisch dar: 'wan er (Gawein) alle sîn arbeit im (Iwein) ze dienste kêrte, wier im sînen prîs gemêrte (V. 3040-3042). 'Justitia Dei' ist hier thematisch in Frage gestellt: Es ist von Wichtigkeit, zu erwägen, warum Hartmann Gâwein mit dem "Buch der Sprüche" in Verbindung bringt (s. V. 2702-2708)[13].

Der Dichter läßt Gawein folgendes sprechen:

> ezn niht wunder
> um einen sæligen man
> der dar nâch gewerben kan
> und dem vrümekheit ist beschert,
> ob im vil êren widervert.
> 2775 **doch ringet dar nâch allen tac**
> **manec man sô er meiste mac,**

---

[13] Cramer sieht die Stelle (V. 2702-2708) als ein Bibelzitat: Prv 18, 24 (Anm. 'v. 2706' zum "Iwein", S.200). Weise verweist auch auf Sir 17, 17; 18, 24 ("Die Sentenz bei Hartman von Aue", S.69).

> dem doch dehein êre geschiht:
> der enhât der sælden niht. (V. 2767-2778)

Dieses religiös-sittliche, programmatische Motiv des Werks wird nach den folgenden Textbetrachtungen noch deutlicher. Der Dichter beginnt seine Erzählung mit einem spruchartigen Gedanken:

> Swer an rehte güete
> wendet sîn gemüete
> dem volget sælde und êre. (V. 1-3)

Dies lehnt sich an die Proverbia Salomonis an, wenn das Werk unter dem Vorwissen desselben betrachtet und der längst anerkannte Annäherungsschritt[14] des Dichters an sie nicht als bloßer mittelalterlicher Schmuck der Dichtung genommen wird, denn folgendes steht in der Bibel:

Spr. 21, 21   Wer der Gerechtigkeit und Güte
nachjagt, der findet Leben,
Gerechtigkeit und Ehre.

(Qui sequitur justitiam et misercordiam, inveniet vitam, justitiam et gloriam.)

Es ist anzunehmen, daß Hartmann auf das Wort 'justitia' und 'misericordia' das Wort 'rehte güete', und auf das 'vita' und 'justitia' das 'sælde' anwendete, da diese Verkoppelung und Umsetzung des Wortes insoweit verständlich ist, weil man sehen kann, daß das Lebensproblem im Werk ziemlich verwickelt dargestellt ist (s. Lunetes Lebenssituation bei der Burgsnot gegenüber Laudine und Iwein) und daß die 'justitia Dei' stets thematisch wird. Hartmann legt das gesellschaftliche, religiös-sittliche Problem, wie im I. Kapitel gesehen, **in der Wirklichkeit der 'mære'** dar[15].

---

[14] s. Schönbachs und Weises oben hingewiesene Anspielungsuntersuchung der Hartmannschen Werke.

[15] Rolf Endres erläutert in seiner Arbeit, daß in erster Linie das Wort 'güete' 'Mitgefühl, Barmherzigkeit, Mitleid' bedeutet ("Der Prolog von Hartmanns Iwein", DVJS 40, 1966, S.617). Obwohl ich seine theologisch-philosophische Werkinterpretation nicht zugebe, stimme ich seiner Untersuchung von Hartmanns Wortwendung bzgl. "güete" zu.

Betrachtet man weiter die Textstellen, in denen die Doppelformel 'sælde und êre' vorkommt, dann wird Hartmanns Thematik des religiös-sittlichen Problems noch ersichtlicher, denn der Dichter berichtet:

> 4855
> daz got unser herre
> im sælde und êre bær
> der erbarmherze wære:
> erbarmet er sich über sî,
> dâ stüende gotes lôn bî. (V. 4854-4858)

Die Verse (V. 4854-4856) gelten als Hartmanns Erklärung für V. 1-3[16], und die ganze Stelle (V. 4854-4858) kann wiederum mit dem Spruch 19, 17 von den Proverbia Salomonis in Beziehung stehen:

Spr. 19, 17   Wer sich des Armen erbarmt,
der leihet dem HErrn; er wird
ihm wieder Gutes vergelten.

(Fœneratur Domini, qui miseretur pauperis; et vicissitudinem suam reddet ei.)

Hartmann berichtet auch:

Bisher hat man meistens V. 1-3 in den folgenden Punkten zu deuten versucht: 1. Wie das Wort, das in den Versen steht, im Mittelalter angewandt wird. 2. Wie Hartmann es in seinen Werken anwendet. 3. Welche Funktion die Verse im rhetorischen Aspekt haben. 4. Wie diese Verse sich auf Chrestiens Dichtung beziehen. 5. Welche Funktion sie bei einer bestimmten Werkinterpretation besitzen können. Ich nehme an, daß sie an den Spruch 21, 21 der Proverbia Salomonis Anschluß haben, weil Hartmanns Darstellungstendenz (Zusätze) oft die Anspielungsmöglichkeit auf das "Buch der Sprüche" zeigt und diese Annahme den thematischen Sinnzusammenhang der Erzählinhalte, wie später näher erklärt wird, sinnvoller macht als die bisherigen Deutungsversuche (vgl. Franz Saran: "Das Übersetzen aus dem Mittelhochdeutschen", Tübingen 1967, S.1-2; R. Endres: a.a.O. S.509-537; Kurt Ruh: "Höfische Epik des deutschen Mittelalters, Erster Teil, Berlin 1967, S.105-106; Thomas Cramer: "Sælde und êre in Hartmanns 'Iwein'", in: Hartmann von Aue", hg. v. Hugo Kuhn und Christoph Cormeau, Darmstadt 1973, S.426-431 u. 443-449).

[16] Auch R. Endres weist darauf hin, daß die Paralellität zwischen Iw. 1-3 und 4854-4856 unübersehbar sei (a.a.O., S.530)

	Nu erbarmet in ir ungemach:
	er siufte sêre unde sprach
	'nû sî got der süeze
4610	der iu vrouwen büeze
	iuwer unwerdes leben,
	und ruoche iu sælde und êre geben.
	mir ist iuwer kumer leit:
	und wizzet mit der wârheit,
4615	sô sêre erbamet ir mich,
	ich benæmen iu gerne, möcht ich. (V. 6407-6416)

Es ist zu beachten, daß der Dichter im Zusammenhang mit der Doppelformel 'sælde und êre' Iweins 'erbarmen' ausdrückt.

Versteht man unter dem Wort 'sælde' die Bedeutung von 'vita' und 'justitia' und betrachtet man diese Verse:

	vil tiure sî got bâten,
6860	als sî von rhte tâten,
	umbe ir herrn und umb ir trôst,
	der sî dâ hâte erlôst
	von michelme sêre,
	daz er im sælde und êre
6865	und rehtes alters ein leben
	und sîn rîche müese geben. (V. 6859-6866)

so kann dies auch an die folgendenden Sprüche Salomos Anschluß haben[17]:

---

[17] Th. Cramer übesetzt V. 6859-6866 wie folgt:

> da baten sie Gott inständig
> – und daran taten sie recht –
> für ihren Herrn und Helfer,
> der sie aus großem Elend
> erlöst hatte,
> er möge ihm aus Gnade und Ansehen
> ein langes Leben
> und schließlich einen Platz im Himmelreich
> geben.

Endres ist aber der Auffassung, daß man 'rehtes alters ein leben' und 'sîn rîche' zusammen auch als eine Erläuterung und Präzisierung der allgemeinen Formel 'sælde und êre' verstehen kann, obwohl die Stelle den irdischen Lohn (sælde und êre) von dem himmlischen (sîn rîche) zu unterscheiden scheint (a.a.O. S.528).

Spr. 3,16 Langes Leben ist zu ihrer rechten
Hand,
zu ihrer linken ist Reichtum und Ehre.

(Longitudo dierum in dextera ejus, et in sinistra illius divitiæ gloria.)

Spr. 8, 18 Reichtum und Ehre ist bei mir,
währendes Gut und Gerechtigkeit.

(Mecum sunt divitiæ et gloria, opes superbæ, et justitia)

+) in diesen zwei Sprüchen wird die Weisheit personifiziert und sie enthält in sich die Furcht des HErrn (s. Spr. 2, 5-15).

Spr. 22, 4 Wo man leidet in des HErrn Furcht,
da ist Reichtum, Ehre und Leben.

(Finis modestiæ timor Domini, divitiæ et gloria et vita.)

In der Textstelle vor Iweins Kampf mit den zwei Riesen wird berichtet:

> diu rede ist nie sô angestlich,
> und wil mir got genædec wesen,
> alsus bat er ir got pflegen: (V. 6420-6423)

und nach dem Kampf:

> daz sich des portenæres drô
> unde sîn spot alsô
> ze vreuden hât gekêret,
> des sî got iemer gêret. (V. 6795-6798)

Die 'providentia Dei' oder 'justitia Dei' wirld thematisch. Eine unter den 300 Frauen spricht zu Iwein noch deutlicher dies: 'got eine mac iu (Iwein) helfen hin, ob er imz enblanden wil: wand im ist nihtes ze vil; ezn kan ouch âne in niht geschehen' (V. 6342-6345). Dieses religiöse Thema kann, wie auf S.37-38 erwähnt, an die Sprüche 16, 4 u. 9, 20, 24, 21, 31 von den Proverbia Salomonis anlehnen, obwohl der Gedanke an sich im Mittelalter weit verbreitet war und zahlreiche Stel-

---

Im Hinblick auf die aufgewiesene, biblische Anspielungsmöglichkeit halte ich Endres' Auffassung für akzeptabel. A.E. Schönbach verweist in bezug auf diese Textstelle auf Prv 16, 31: 'corona dignitatis senectus, quae in viis justitiae reperietur' (a.a.O. S.25)

len anderer Bibelteile den gleichen Gedanken enthalten; denn der Erzählinhalt des "Iwein" zeigt, nach Hartmanns Darstellungstendenz desselben, die thematische Anlehnungsmöglichkeit an das "Buch der Sprüche" allzu oft.

Der Dichter berichtet über Iweins Verhalten in der Stelle nach dem Kampf mit Keie:

> done wolder im niht mêre
> tuon dehein unêre,
> wan daz er schimpflichen sprach,
> dô er in vor im ligen sach (V. 2587-2590)

Chrestein berichtet aber dies: "das (Keus Niederlage) war vielen sehr lieb, und mancher enthielt sich nicht zu sagen: 'Ei, ei! Wie liegt Ihr nun da, der Ihr die anderen verachtet!'". Hartmann läßt die Spottrede direkt Iwein sprechen. Dieser Passus bezieht sich wohl auf das "Buch der Sprüche", wo steht:

Spr. 19-29   Den Spöttern sind Strafen bereitet,
             und Schläge auf der Narren Rücken.

(Parata sunt derisoribus judicia, et mallei percutientes stultorum corporibus.)

Der Dichter betont hier Iweins Schuldhaftigkeit und bereitet damit Iweins Sturz aus dem Ehrenstand vor. An einer späteren Stelle (vor dem Kampf mit Harpin) äußert Iwein: 'ichn sol dehein rîter schelten' (V. 4969); eine gewisse Verhaltenslehre liegt also dem Werk zugrunde[18]. Im "Buch der Sprüche" steht auch:

Spr. 17, 5   Wer des Dürftigen spottet, der
             höhnt desselben Schöpfer; und
             wer sich über eines anderen Unglück
             freut, wird nicht ungestraft bleiben.

(Qui despicit pauperem, exprobrat factori ejus; et qui ruina lætatur alterius, non erit impunitus.) (s. auch Spr. 24, 17)

– Es ist förderlich, zu untersuchen, ob und inwieweit das Werk "Iwein" mit Hilfe der Proverbia Salomonis verständlich wird. –

---

[18] vgl. Heinzes Ansicht über Hartmanns Erzählerhaltung ("Zur Gliederungstechnik Hartmans von Aue", Göppingen 1973, S.112-113).

Das Schuldproblem der handelnden Personen versuchten bisherige Forschungen meistens in den folgenden Punkten zu lösen: 1. Wer und was, nach dem Ezählinhalt betrachtet, daran schuldig ist. 2. Was im Hinblick auf den Sinn der Löwenritter-Aventiuren (der 'Sühne'-Aventiuren) als Iweins Fehl betrachtet werden kann. 3. Was nach dem damaligen philosophisch-thelogischen Verständnis als Schuld zu nehmen ist. 4. Was nach der mittelalterlichen sozial-rechtlichen Norm als Schuld zu nehmen ist. Es gibt aber einen anderen Untersuchungsaspekt: Was für eine Tat als sündhaft oder schuldhaft zu betrachten ist, und zwar nach einer gewissen praktischen religiös-sittlichen Lehre. Sieht man die Kampf-Episode Kalogrenant und Askalon und dazu die zwischen Iwein und Askalon unter solchem Aspekt, dann kann man sie auf die folgenden Sprüche von den Proverbia Salomonis beziehen[19]:

---

[19] s. auch die folgenden Verse des Ecclesiasticus:

Sir 10, 6	omnis iniuriae proximi ne memineris et nihil agas in operibus iniuriae
7	odibilis coram Deo et hominibus superbia et execrabilis omnis iniquitas gentium
8	regnum a gente in gentem transfertur propter iniustitias et iniurias et contumelias et diversos dolos
10	nihil est iniqius quam amare pecuniam hic enim et animam suam venalem habet quoniam in vita sua poiecit intima sua
10	omnis potentatus brevis via
11	brevem languorem praecidit medicus sic et rex hodie est et cras morietur
28, 1	qui vindicari vult a Deo inveniet vindictam et peccata illius servans servabit
2	relinque proximo tuo nocenti te et tunc deprecanti tibi peccata solventur
3	homo homini servat iram et a Deo quaerit medellam
4	et in hominem similem sibi non habet misericordiam et de peccatis suis deprecatur
5	ipse dum caro sit reservat iram et propitiationem petit a Deo quis exorabit pro delictus illus

Spr. 3, 29 Trachte nicht Böses wider deinen
Nächsten, der auf Treue bei dir wohnt.
30 Hadere nicht mit jemand ohne
Ursache, so er dir kein Leid getan hat.

(Ne moliaris amico tuo malum, cum ille in te habeat fiduciam. Ne contendas adversus hominem frustra, cum ipse tibi nihil mali fecerit.)

Spr. 20, 22 Sprich nicht: Ich will Böses vergelten!
Harre des HErrn, der wird dir helfen.

(Ne dicas: Reddam malum; exspecta Dominum, et liberabit te.)

Spr. 24, 12 Sprichst du: "Siehe, wir verstehen's
nicht!" meinst du nicht, der die
Herzen wägt, merkt es, und der auf
deine Seele achthat, kennt es und
vergilt dem Menschen nach seinem
Werk?

(Si dixeris: Vires non suppetunt; qui inspector est cordis ipse intelligit, et servatorem animæ tuæ nihil fallit, erddetque homini juxta opera sua.)

, 29 Sprich nicht: "Wie man mir tut, so will
ich wieder tun und einem jeglichen sein
Werk vergelten."

(Ne dicas: Quomodo fecit mihi, sic faciam ei, reddam unicuique secundum opus suum.)

Zieht man angesichts dieser religiös-sittlichen Lebens- und Verhaltenslehren die Verhaltungsweisen von Kalogrenant, Askalon und Iwein in Erwägung, so wird im Anschluß an die Sprüche 3, 29-30 und 24, 12 Kalogrenants Schuldhaftigkeit begreiflich, und sowohl Iweins Sippenrache als auch Askalons Erwiderung mit der Waffe und der Wegnahme des Pferds

6	memento novissimorum et desine inimicari
7	tabitudo enim et mors inminet in mandatis
8	memorare timorem Dei et non irascaris proximo
9	memorare testamenti Altissimi et despice ignorantiam proximi
10	abstine te a lite et minues peccata
11	homo enim eracundus incendit litem et vir peccator turbabit amicos et in medium pacem habentium inmittit inimicitiam

ist in bezug auf die Sprüche 20, 22 und 24, 29 als sündhaft zu nehmen. Iweins Herausforderung ist sicher nicht bloße Sippenrache[20], sondern auch ichbesessene rücksichtslose Strebung nach der 'êre'[21]. Man kann sie auch als einen Rechtsbruch betrachten. Aber Askalons Worte (V. 712-730), die vor dem Kampf an Kalogrenant gerichtet sind, verstoßen deutlich gegen die oben vorgelegten Sprüche; man kann sogar Askalons Wegnahme des Pferdes als eine besitzgierige Handlung verstehen, denn der Dichter läßt Iwein in gleicher Situation folgendes sagen (vgl. Erec V. 2619): "ich enger niht iuwer habe, ichn gewinnes iu anders abe" (V. 2607-2608). Askalon spricht zu Kalogrenant:

	nu wie sihe ich **mînen** walt stân!
	den habent ir **mir** verderbet
	und **mîn** wilt ersterbet
	und **mîn** gevügele verjaget.
720	iu sî von mir widersaget:
	ir sult es mir ze buoze stân
	od ez muoz mir an den lîp gân.
	daz kint daz dâ ist geslagen
	daz muoz wol weinen unde clagen:
	alsus clag ich von schulden (V. 716-725)

Thomas Cramer bemerkt in den "Anmerkungen" von "Iwein"[22], daß es üblich sei, daß der Sieger das Pferd des Verlierers nehme, aber dies bedeutet nicht, daß eine solche Handlung im religiös-sittlichen Sinne positiv zu sehen ist. Vielmehr muß man darauf achtgeben, daß diese Behandlung Kalogrenants durch Askalon (seine ungeduldige Erwiderung mit der Waffe und Wegnahme des Pferdes) etwa zehn Jahre später seine Niederlage verursacht.

In der Bibel steht noch folgendes:

---

[20] s. V. 803ff.
[21] Th. Cramer deutet Iweins Ausritt zur Quelle als ein Akt der 'superbia' und sieht, daß Hartmann in der Kalogrenant-Erzählung keinen Zweifel daran lasse, daß es sich bei dem Quellenguß um einen Rechtsbruch handele ("Sælde und êre in Hartmanns 'Iwein'", S.432-433). (vgl. Peter Wapneski: "Hartman von Aue", Stuttgart 1962, S.66ff.)
[22] "Iwein" der 7. Textausgabe von G.F. Benecke, K. Lachmann und Wolff, Berlin/New York 1994, S.186.

Spr. 1, 19　　　Also geht es allen, die nach Gewinn
　　　　　　　geizen, daß ihr Geiz ihnen das Leben
　　　　　　　nimmt.

(Sic semitæ omnis avari animas possidentium rapiunt.)

Spr. 28, 16　　Wenn ein Fürst ohne Verstand ist,
　　　　　　　so geschieht viel Unrecht; wer
　　　　　　　aber den Geiz haßt, der wird lange
　　　　　　　leben.

(Dux indigens prudentia multos opprimet per calumniam; qui autem odit avaritiam, longi fient dies ejus.)

Spr. 13, 16　　Ein kluger tu alles mit Vernunft;
　　　　　　　ein Narr aber breiter Narrheit aus.

(Astutus omnia agit cum consilio; qui autem fatuus est, aperit stultiam.)

Spr. 14, 29　　Wer geduldig ist, der ist weise; wer
　　　　　　　aber ungeduldig ist, der offenbart
　　　　　　　seine Torheit.

(Qui patiens est, multa gubernatur prudentia; qui autem impatiens est, exaltat stultitiam suam.)

Spr. 15, 18　　Ein zorniger Mann richtet Hader an;
　　　　　　　ein Geduldiger aber stillt den Zank.

(Vir iracundus provocat rixas; qui patiens est, mitigat suscitatas.)

Spr. 19, 2　　 Wo man nicht mit Vernunft handelt, da
　　　　　　　geht's nicht wohl zu; und wer schnell
　　　　　　　ist mit Füßen, der tut sich schaden.

(Ubi non est scientia animæ, non est bonum; et qui festinus est pedibus, offendet.)

Askalons Verhalten ist auch in bezug auf diese Verhaltenslehren der Bibelsprache zu erwägen, da Hartmanns Annäherung an die Sprüche Salomos in der Stelle nach dem Kampf zwischen Askalon und Iwein (z.B. in der Episode mit Lunetes 'gâchspîse': V. 1218-1224) annehmbar wird, obwohl man oft außer acht läßt, in welchem Zusammenhang das im Werk vorhandene, religiös-sittliche Thema mit dem sozial-gesellschaftlichen Problem dargestellt ist, und bloß darauf hinweist, Kalogrenant und Iwein einen Rechtsbruch begehen.

Werden diese Anspielungsmöglichkeiten des Erzählinhaltes auf die Bibel anerkannt, dann ist wohl anzunehmen, das Hartmanns "Iwein" mit den Proverbia Salomonis in enger thematischer Beziehung steht, obwohl man deshalb nicht behaupten darf, daß der Dichter **nur sie** dem Werk thematisch zugrunde legt.

Anton E. Schönbach bringt umfassend in seiner Studie "Über Hartmann von Aue"[23] Hartmanns Erzählinhalt mit der kirchlichen Literatur des Mittelalters in Verbindung, aber er unterläßt es, den Anspielungszusammenhang zwischen ihnen im Hinblick auf Hartmanns Motivierung des Erzählinhaltes zu erwägen. So äußert dieser Forscher z.B. in bezug auf V. 2551-2554: 'nû kam her Îwein balde dort ûz jenem walde ze velde gewalopieret in engels wîs gezieret', der Vergleich sei geschmacklos (s. S.47), und in bezug auf V. 4214-4269, der ganze Passus sei angesichts der Gefahr Lunetes durchaus nicht am Platz (s. S. 23-26)[24]. Es ist jedoch unentbehrlich zu untersuchen, in welchem thematischen Zusammenhang der Erzählinhalt, auf die Bibel anspielend, im Werk stehen kann.

Ich versuche im nächsten Kapitel zu zeigen, inwieweit das Werk "Iwein" mit Hilfe der Proverbia Salomonis verständlich wird und in welcher thematischen Beziehung das Werk mit den Proverbia Salomonis stehen kann.

---

[23] A.E. Schönbach: "Über Hartmann von Aue", Graz 1894.
[24] s. a.a.O., S. 423-425

III. Kapitel
Deutungsversuch vom "Iwein" mit Hilfe der Proverbia Salomonis und gelegentlich des Ecclesiasticus

(a) Über die Löwen-Drachen-Kampf-Episode (zweiter Versuch), Iweins Weg und Schuld

Wird Iweins 'vorhten' vor dem Löwen, im Zusammenhang mit der im I. Kapitel erzielten Deutung der Löwen-Drachen-Kampfepisode, nach Hartmanns Thematik des religiös-sittlichen Problems (s. S.35-41) in Betracht gezogen, dann ist seine Furcht als die Furcht Gottes, der alles zu einem bestimmten Ziel macht, zu sehen, denn es ist aus dem Text ablesbar, daß der Dichter die Unbegreiflichkeit des Handlungsausgangs und der Gottesbestimmung thematisch problematisiert. 'Swer an rehte güete wendet sîn gemüete, dem volget sælde und êre' (V. 1-3): So beginnt die Erzählung, aber ob 'sælde' und 'êre' tatsächlich demjenigen folgt, der nach 'rehte güete' von ganzem Herzen strebt — diese Frage kann schon in denselben Versen gestellt werden. Ob die 'durch allez guot' (V. 1785) unternommene Tat immer gute Folge herbeiführt: dieses moralische Problem wird duch die Lunete-Episode als **Bürge** exemplarisch thematisiert[1]. Erkennt man solche religiös-sittliche Thematik des Dichters, so kann Iweins 'vorhten' wohl als die Furcht Gottes gedeutet werden, weil Iwein schon den Sturz aus dem Ehrenstand erfuhr.

Im "Buch der Sprüche" steht:

Spr. 1, 7   Des HErrn Furcht ist Anfang der Erkenntnis. Die Ruchlosen verachten Weisheit und Zucht.

(Trimor Domini pricipium sapientæ. Sapientiam doctrinam stulti despiciunt.)

---

[1] In gleicher Hinsicht kann jene 'guote handlunge' Gaweins (V. 3053) gedeutet werden.

Iwein war offensichtlich ein 'stultus', der 'âne zuht' (V. 1056) seinen Gegner bis zur Burg desselben jagt und den Totwunden erschlägt, wenn man auch anderseits hinter seine törichten Handlung einen gesellschaftlichen Lebenszwang (s. Vv. 803ff., 1522ff.) berücksichtigen und in Iweins Minne-Versenkung und 'Tobesuht' (V. 3233) seine pure empfindsame Mentalität sehen kann.

Iwein erfuhr den Sturz aus dem Ehrenstand, lebte als 'tôre' im Wald unter der Lebensbeziehung von 'gelten' (V. 3334) mit einem Einsiedler, wurde von der Gehirnkrankheit mit Hilfe einer Salbe geheilt, überzeugte sich dabei davon fest, daß er 'rîterlîchen muot' (V. 3581) hat, sprach zu der 'juncvrouwe' von Narison, die ihn unbermerkt heilte:

	ich kan iu des gesagen niht
3630	welch wunders geschiht
	mich dâ her hât getragen:
	wan daz kan ich iu wol gesagen
	daz ich hie ungerne bin.
	nû vüeret mich mit iu hin:
3635	sô handelt ir mich harte wol,
	und gedienez immer als ich sol. (V. 3629-3630)

und trug, nachdem er für die Dame von Narison gegen den Grafen Aliers gekämpft hatte, Ehre und Sieg davon. Iwein tötete den Grafen nicht, sondern nahm ihn gefangen und begehrte keinerlei Lohn für seine Leistung: 'ern wolde dehein ander lôn (V. 3801).

Sieht man diesen Lebenslauf Iweins und seine Selbstbetrachtung und Weg-Wahl (Beschränkung), so ist deutlich, wie der Dichter sorgfältig seinen Iwein in die Löwen-Drachen-Kampfepisode leitet; der Dichter läßt mit der Zutat V. 3801 sein Publikum auf den Gedanken kommen: was wollte Iwein eigentlich? Denn Iwein ist nicht mehr der Herr der Burg Laudines, und weiß zu der Zeit nicht, daß Lunete wegen seiner Verfehlung Kränkung leidet. Wird diese Lebenslage Iweins bei der Deutung der Löwen-Drachen-Kampfepisode berücksichtigt, so ist von Wichtigkeit, daß dort steht: '(Iwein) bedâhte sich daz er wolde helfen dem edlen tiere' (V. 3848-3849), weil darin Iweins innerliche religiös-sittliche Bewegung und Weg-Entscheidung berichtet wird, obwohl man Iweins Gefangennahme des Grafen Aliers (V. 3776-3781) als deren Vorzeichen annehmen kann.

Iwein wurde, wie gedeutet (s. S.22-23), in der Löwen-Drachen-Kampfepisode zu einem Menschen, der mit großem Ernst darüber reflektieren kann, was gut ist, ob das Gute in der Lebenswirklichkeit als gut gilt, ob man als Handlungsergebnis der guten Tat etwas Gutes erwarten kann, nämlich zu einem 'sapiens' zu werden, der die Furcht Gottes kennt.

Akzeptiert man diese Deutung der Löwen-Drachen-Kampfepisode, so ist es nicht mehr verwunderlich, daß die **religiös**-sittlichen Erzählinhalte, nach der Szene mit Iweins Trennung von der in der Kapelle gefangenen Lunete, in rascher Folge im Text auftauchen. Iwein denkt z.B. vor dem Kampf mit dem Riesen Harpin: 'nû gebe mir got guoten rât, der mich unz her geleitet hât, daz ich mich beidenthalp bewar sô daz ich rehte gevar' (V. 4889-4892) und äußert auch: 'und wîl sîn unser trehten nâch rehtem gerihte pflegen, sô sît ir schiere gelegen' (V. 5014-5016). Diese Worte Iweins sind ohne Annahme der obigen Deutung schwer begreiflich, denn der Dichter berichtet an keiner Stelle des Textes (außer der Löwen-Drachen-Kampfepisode), daß Iwein zu einem Menschen wurde, der Gott um dessen 'rât' anfleht und sich dessen Gerechtigkeit anvertraut, es sei denn, man betrachtet das Werk "Iwein" von vornherein als defekt.

In dieser Hinsicht können Iweins 'âne zuht – SEIN (V. 1056) und 'vorhten' (V. 3850) wohl an den Spruch 1, 7 der Proverbia Salomonis (s. S.49) Anschluß haben. In der Bibel heißt es noch:

Spr. 2, 1-5   Mein Kind, so du willst meine Rede annehmen und meine Gebote bei dir behalten,
daß dein Ohr auf Weisheit acht hat, und du dein Herz mit Fleiß dazu neigest;
ja, so du mit Fleiß danach rufest und darum betest,
so du sie suchest wie Silber und nach ihr forschest wie nach Schätzen:
alsdann wirst du die Furcht des HErrn verstehen und Gottes Erkenntnis finden.

(Fili mi, si susceperis sermones meos, et mandata mea absconderis penes te, ut audiat sapientiam auris tua: inclina cor tuum ad cognoscendam prudentiam. Si enim sapientiam invocaveris, et inclinaveris cor tuum prudentiæ: si quæsieris eam quasi pecuniam, et sicut thesauros effoderis illam: tunc intelliges timorem Domini, et scientiam Dei invenies.)

Spr. 14, 16   Ein Weiser fürchtet sich, und meidet
das Arge; ein Narr aber fährt trotzig
hindurch.

(Sapiens timet, et declinat a malo; stultus transilit, et confidit.)

Spr. 23, 17   Dein Herz folge nicht den Sündern,
sondern sei täglich in der Furcht
des HErrn.
Denn es wird dir hernach gut sein,
und dein Warten wird nicht trügen.

(Non æmuletur cor tuum peccatores, sed in timore Domini esto toda die, qui habenis spem in novissimo, et præstolatio tua non auferetur.)

Wenn man die im II. Kapitel aufgewiesenen Anspielungsmöglichkeiten des Erzählinhaltes auf die Proverbia Salomonis sieht, so ist auch anzunehmen, daß Iweins 'vorhten' mit diesen Sprüchen (Prov. 1, 7; 2, 1-5; 14, 16; 23, 17-18) in enger thematischer Beziehung steht, und folglich, daß Hartmann nicht bloß, um die Furcht vor wilden Tieren auszudrücken, Iweins 'vorhten' ins Werk einflicht, sondern auch Iweins religiös-sittliches Gesinnungserwachen thematisiert.

Stellt man im Hinblick auf dieses Gesinnungserwachen Iweins die Schuldhaftigkeit des 'zuht'-losen Iwein in Erwägung, so ist akzeptabel, daß seine Schuldhaftigkeit im STULTUS-SEIN besteht: in mangelnder Gotteserkenntnis, Barmherzigkeit und Bedachtsamkeit bzgl. der eigenen Handlung und deren Folge (s. V. 4250-4258), wenn Iweins Tötung Askalons, Unterlassung des Treuebeweises (gegenüber Lunete und Laudine) und Terminversäumnis auch konkret als seine Schuld anzuerkennen sind.

Iwein 'sapiens' verhält sich anders als der 'zuht'-lose Iwein; dies ist aus den folgenden Textstellen ablesbar: Vv. 4044, 4432-4434, 4740-4741, 4842-4844, 4859, 4869-4913,

4958-4972, 5014-5016, 5167-5174, 5274-5277, 5482-5483, 5513-5520, 6001-6011, 6067-6070, 6278-6282, 6315-6316, 6409-6422, 6555-6568, 7116-7124, 7477, 7531-7532, 8102, obwohl er in der Löwen-Drachen-Kampfepisode keineswegs zu dem Menschen wird, der keinen Fehler machen würde oder immer lauter rationalistisch sich verhält; denn Iwein spricht zu Lunete, die erklärte, wie sie in die Notlage geraten war, folgendes:

V. 4212-4221	... 'sô erkennet mich:
	ich binz Îwein der arme
	daz ez got erbarme
4215	daz ich ie wart geborn!
	nû wie hân ich verlorn
	mîner vrouwen hulde!
	sît diu selbe schulde
	niemannes ist wan mîn.
4220	der schade sol ouch mîn eines sîn:
	ichn weiz wem ich sî mêre gebe.

Der Dichter stellt in dieser Stelle Iweins Leid, Empfindsamkeit und Selbsterkenntnis als 'stultus' und dazu den unberechenbaren Handlungsausgang des gesellschaftlich-menschlichen Lebens dar: Iwein erfuhr, daß seine eigene unüberlegte Handlung das Unglück des anderen verursacht. Iwein klagt: 'jane müet mich niht wan daz ich lebe' (V. 4222). Man darf also nicht Iwein bloß als 'sapiens' betrachten, sondern auch als einen empfindsamen-sensiblen Menschen, der die Tobsucht (V. 3232), Minne-Ohnmacht (V. 3942) und Minne-Verwirrung (Vv. 1478ff, 7808) erleben mußte (s. V. 4228). Dieses Verständnis der Menschen-'figura' des Protagonisten Iwein ist wichtig, weil erst daraus z.B. die Erzähltatsache, daß Iwein zum zweiten Mal auf den Stein der Quelle Wasser gießt (V. 7808), begreiflich wird.

T. Cramer schreibt aber: "Wie immer – Iwein durchläuft Stationen, aber er macht keine Entwicklung durch"[2], weil der Forscher in dem Vers, 'der mangel ich (Iwein) ân schulde' (V. 5470), Iweins inkonsistentes Schuldbewußtsein am Verlust seiner 'vrouwe' sieht (s. oben V. 8218f.), obwohl der V. 5470 in bezug auf Iweins unwandelbare 'triuwe' (gegenüber Laudi-

---

[2] "Sælde und êre in Hartmanns 'Iwein'", S.436

ne) zu verstehen ist. Cramer übersieht jene im I. Kapitel erwähnte Deutungsmöglichkeit der Löwen-Drachen-Kampfepisode, daß jene scheinbar komischen Details des Drachenkampfes bei Chrestien einen ernsthaften Sinngehalt haben und daß Hartmann in seiner Absicht der Veranschaulichung der religiös-sittlichen Handlungsschwierigkeit die Löwen-Drachen-Kampfszene anders als bei Chrestien schildert und seinen Iwein charakterisiert (s. S.17-23). Betrachtet man im übrigen die Verse, 'sît diu selbe schulde niemens ist wan mîn' (V. 4218f.), so wird hier nicht nur Iweins 'schulde'-Bekenntnis thematisch, sondern auch seinen Selbsterkenntnis als 'stultus'; Iwein klagt:

	nû wie hâstû verlorn
3965	dîner vrouwen hulde!
	jane wær diu selbe schulde
	zer werlte niemans wan dîn,
	ezn wüese sîn ende sîn.
	Er ist noch baz ein sælec man
3970	der nie dehein êre gewan
	dan der êre gewinnet
	und dich sô niht versinnet
	daz er sî behalten künne. (V.3964-3973)

Er grämt sich über seine Torheit. Behält man daneben die Verse 4251-4260 im Auge, die auf die Sprüche 17, 16-17 der Proverbia Salomonis anspielen können (s. S.28-30), dann wird noch wahrscheinlicher, daß Iweins Schulhaftigkeit im STULTUS-SEIN liegt.

Für das Verständnis des Schuldproblems ist es von Wichtigkeit zu erwägen, warum Hartmanns Zusätze oft die Anlehnungsmöglichkeit an die Proverbia Salomonis zeigen; denn man kann darin die vom Dichter intendierte Erzählkonzeption des religiös-sittlichen Problems auffassen. Auch dies ignoriert Cramer, obwohl er z.B. die eben erwähnte Anlehnungsmöglichkeit "V. 4251 — Prov. 17, 16" erkennt[3]; es scheint mir daher förderlich zu sein, daß man das ganze Kapitel liest, wenn eine Textstelle sich auf einen Abschnitt eines Kapitels der Bibel bezieht, weil man dadurch möglicherweise die Annäherung des Dichters an die Bibel klarer sehen kann.

---

[3] Cramers 'Anmerkung' (v. 4251) zum "Iwein", S.212

In dieser Hinsicht ist z.B. empfehlenswert, das Kapitel 17 der Proverbia Salomonis zu lesen, denn Hartmann berichtet: 'nû kam her Îwein balde dort uz jenem walde ze velde gewalopieret, in engels wîs gezieret' (V. 2551-2554). Iwein wird mit einem Engel verglichen: dies kann sich auf die Sprüche 17, 9-11 der Proverbia Salomonis beziehen, wenn es auch eine übliche Beschreibung für glänzenden ritterlichen Schmuck der damaligen Zeit zu sehen ist[4], denn Hartmanns Erzählinhalt (s. z.B. V. 2462-2645) steht mit dem Kapitel 17 der Sprüche Salomos in enger **thematischer** Beziehung.

Hartmann schildert die fabelähnliche Eröffnungsszene der Iwein(Löwenritter)-Löwen-Episode wie folgt:

```
             unde suochte dâ zehant
             den næhsten wec den er vant,
             und volget einer strâze.
             lûte âne mâze
             hôrter eine stimme
3830         clägelich und doch grimme.
             nune weste mîn her Îwein
             von wederm si wære under den zwein,
             von wurme ode von tiere:
             er bevandez aber schiere.
3835         wan diu selbe stimme wîst in
             durch michel waltgevelle hin
             dâ er an einer blœse ersach
             wâ ein grimmer kampf geschach (V. 3825-3838)
```

Chrestien berichtet: "Herr Yvain ritt in Gedanken seines Weges durch einen tiefen Wald dahin, bis er mitten im Gehölz **einen sehr jammervollen und lauten Schrei** vernahm, und da hielt er auf die Stelle zu, wo der Schrei erklungen war".

Vergleicht man Hartmanns mit Chrestiens Bericht, so ist erkennbar, daß Hartmanns Iweins Entscheidungslage noch problematischer als Chrestien darstellt, weil jener das Wort 'doch grimme' (V. 3830) zufügt; man kann dazu an der späteren Stelle (V. 3850) Iweins 'vorhten', Hartmanns Zutat, als Erzählinhalt finden. Diese Furcht Iweins habe ich oben als die Furcht Gottes gedeutet.

---

[4] ebd. 'Anmerkung' (v. 747), S.186; s. auch A.E. Schönbach: "Über Hartmann von Aue", S.41-42 u. 423

Es ist jedoch noch zu beachten, daß Hartmann keineswegs bloß blindgläubig die Bibelsprüche akzeptierend den Erzählinhalt auf dieselben anspielen läßt, sondern einige Sprüche derselben, die typisch spruchartig sich von der komplexen Wirklichkeit isolieren, in der Wirklichkeit der 'mære' thematisch problematisiert:

Der Dichter berichtet über eine Dame, die aus der Stadt der Burg zum Schlimmen Abenteuer stammt, und den Torwächter derselben Burg:

>   Nu gehôrte ein vrouwe disen zorn:
>   diu was ûz der stat geborn,
>   vür die sîn strâze rehte gienc,
>   als er den burcwec gevienc.
>   diu **wincte** im von verre.
> 6130 sî sprach 'lieber herre,
>   die rede die man hie tuot
>   die tuot man niuwan durch guot. (V. 6125-6132)

>   alsus reit er (Iwein) vür sich
>   unz in der torwarte ersach.
>   der **winct** im dar unde sprach
>   'wol' her, rîter, wol her! (V. 6164-6167)

Chrestien berichtet: "'Freund! du zürnst ohne Grund' sprach da eine Dame höheren Alters, die sehr höfisch und klug war, 'denn gewiß, sie sagen dir nichts im Bösen, ... da wendet er sich zum Tor, und sein Löwe und das Mädchen mit ihm. Und der Torwächter rief ihn heran und sprach zu ihm: 'kommt nur schnell herein, kommt!'".

Im Vergleich zu Chrestiens Bericht ist zu erwägen, warum Hartmann das Wort 'winken' zur Anwendung bringt (s. Vv. 6129, 6166); dies ist z.B. mit Hilfe der Proverbia Salomonis zu verstehen, denn dort steht[5]:

Spr. 10, 10 Wer mit Augen winkt, wird Mühsal anrichten; und der ein Narrenmaul hat, wird geschlagen.

(Qui annuit oculo, dabit dolorem; et stultus labiis verberabitur.) (s. auch Spr. 6, 13; 16, 30)

---

[5] s. auch Sir 27, 25: annuens oculo fabricat iniqua et nemo eum abciet

Erkennt man dieses Anspielungsmöglichkeit 'WINKEN — Prov. 10, 10' und berücksichtigt man, daß die BEWIRTUNG (s. S.27-28) in der Episode von der Burg zum Schlimmen Abenteuer thematisch wird (V. 6545-6565), so ist anzunehmen, daß Hartmann an der Stelle (V. 6125-6167) den allzu einfältigen Spruchgedanken der Bibel der Wirklichkeit der 'mære' aussetzt: der Dichter macht sichtbar, daß die gleiche Handlung mit verschiedenen Absichten getan wird. Vergleicht man den Erzählinhalt der Burg zum Schlimmen Abenteuer mit der I. gastfreundlichen Burg, dann ist erkennbar, daß die Handlungsabsicht als Thema im Werk sorgfältig ausgeführt wird. In dem folgenden Exkurs wird ein moralisch-sittlicher Gedanke des Dichters deutlich:

	daz was die naht sô wol bewart
	daz ez nie bî im enwart
	gedunrieret alsô schône
6660	**daz ims doch got niht lône**
	der daz sô vlîzeclîchen tete!
	wand ez was ân des gastes bete.
	der dinge verkêret sich vil,
	daz einer dem andern schaden wil
6665	und daz er im vil gar gevrumt:
	swelch dienest sô ze staten kumt
	daz er in liep unde guot
	sô wider sînen willen tuot
	des lôn wirt von rehte kranc
6670	ern darf im niemer gesagen danc
	umb sînes orses gemach, (V. 6657-6671)

Dieser moralische Gedanke ist zu beachten, wenn auch das Mittelalter mehr final als kausal gedacht hat, da erst dadurch verständlich wird, daß Lunete entschlossen ihre Unschuld behauptet (s. Vv. 4045ff, 5233ff)[6]. In der Bibel steht nun:

Spr. 12, 14   Viel Gutes kommt dem Mann
              durch die Frucht des Mundes;
              und dem Menschen wird vergolten,

---

[6] Ich meine jedoch nicht, daß Hartmann Lunete als einen schuldlosen Menschen darstellt, sondern mache ich darauf aufmerksam, daß die Handlung der Personen im "Iwein" bezüglich ihrer Absicht thematisch problematisiert wird (s. Vv. 727, 6113-6116, 6132).

nach dem seine Hände verdient
haben.

(De fructu oris sui unusquisque replebitur bonis, et juxta opera manuum suarum retribuetur ei.)

Der Exkurs (V. 6657-6671) kann sich in der erwähnten thematischen Hinsicht auf den Spruch 12, 14 beziehen.

Wird weiter das Gespräch zwischen Iwein und der Dame, die aus der Stadt der Burg zum Schlimmen Abenteuer stammt, in Erwägung gezogen:

die Dame: got sol iuch darvor bewarn:
ich weiz wol, sult ir volvarn
daz ez iu an den lîp gât
erwindet noch, daz ist mîn rât,
unde rîtet vürbaz. (V. 6149-6153)

Iwein: mich hulfe lîhte daz,
volget ich iuwern râte:
nû ist ez aber ze spâte:
war möht ich nû gerîten?
ich muoz des tages hie bîten. (V. 5154-6158)

so taucht wohl die Frage auf: Ob Iweins Entscheidung nicht leichtsinnig ist, obzwar man berücksichtigen muß, daß Iwein mit einem 'kint' reitet, das nur mühsam und hart im Wald den Tag abwarten kann. Sieht man aber im Hinblick auf Hartmanns Thematik des religiös-sittlichen Problems Iweins Entscheidung, dann kann dies Iweins aktiven Mut zum Leben zeigen; Iwein denkt für sich:

gehabe dich wol, wis unverzaget:
dir geschiht daz dir geschehen sol,
und anders niht, daz weiz ich wol. (V. 6566-6568)

Iweins Mut wird, wohl im Anschluß an den Spruch 27, 12 der Proverbia Salomonis, thematisch, da im Gespräch zwischen Iwein und der Dame auch der RAT als Thema steht, der als wichtiger Spruchinhalt häufig in den Proverbia Salomis auftritt:

Spr. 27, 12 Ein Kluger sieht das Unglück, und
verbirgt sich; aber die Unverständigen
gehen hindurch und leiden Schaden.

(Astutus videns malum; abconditus est; parvuli transeuntes sustinuerunt dispendia.)

Hartmann stellt wohl in bezug auf diesen Spruch (Prov. 27, 12) Iwein als einen mutigen Ritter dar, der auf Gott vertraut: Iweins aktiver Lebenswille wird motiviert, obwohl die Episode vom Gespräch zwischen Iwein und der Dame (V. 6154-6158) an sich mit dem Spruch 12, 15 der Proverbia Salomonis in Verbindung steht:

Spr. 12, 15 Den Toren dünkt sein Weg recht;
aber wer auf Rat hört, der ist weise.

(Via stulti recta in oculis ejus; qui autem sapiens est, audit consilia.)

Über die 300 Frauen der Burg zum Schlimmen Abenteuer berichtet Hartmann:

```
            genuoge worhten an der rame:
6200        der werc was aber âbe schame.
            und die des niene kunden,
            die lâsen, dise wunden,
            disiu blou, disiu dahs,
            disiu hachelte vlahs,
6205        dise spunnen, dise nâten;
            und wâren doch unberâten:
            in galt ir arbeit niht mê
            wan daz in zallen zîten wê
            von hunger und von durst was
6210        und daz in kûme genas
            der lîp der in doch nâch gesweich.
```

V. 6199-6206 sind Hartmanns Zutat. Auch diese Verse können sich auf die folgenden Sprüche der Proverbia Salomonis beziehen:

Spr. 10, 4 Lässige Hand macht arm; aber
der Fleißigen Hand macht reich.

(Egestatem operata est manus remissa; manus autem fortium divitas parat.)

Spr. 12, 24 Die fleißige Hand wird herrschen;
die aber lässig ist, muß Frondienst leisten.

(Manus fortium dominabitur; quæ autem remissa est, tributis serviet.)

Spr. 19,15   Faulheit bringt Schlafen, und
eine lässige Seele wird Hunger leiden.
(Pigredo immittit spporem, et anima dissoluta esuriet.)

Betrachtet man hierzu die Stelle von Lunetes Reue in der Kapelle (V. 4186-4201), so findet man dieses Zutat Hartmanns: 'swer den man erkennen sol, dâ hœret langer wîle zuo' (V. 4192-4193). Dies kann man auch als Hartmanns Korrektur des Spruchgedankens der Proverbia Salomonis (Prov. 6, 1-2; 11, 15; 17, 18; 20, 25) nehmen (s. S.29-30).

Erkennt man diese Thematik des Spruchgedankens der Bibel von Hartmann, so ist annehmbar, daß auch jene fabelähnliche Eröffnungsszene der Iwein (Löwenritter-Löwen-)-Episode (s. S.47-48) sich auf die Sprüche 21, 13; 21, 15; 21, 21 der Proverbia Salomonis bezieht:

Spr. 21, 13   Wer seine Ohren verstopft vor
dem Schreien des Armen, der
wird auch rufen, und nicht
erhört werden.

(Qui obturat aurem suam ad clamorem pauperis, et ipse calamabit, et non exaudietur.)

Spr. 21, 15   Es ist dem Gerechten eine Freude,
zu tun, was recht ist, aber eine
Furcht den Übeltätern.

(Gaudium justo est facere judicum, et pavor operantibus iniquitatem.)

Es ist anzunehmen, daß Hartmann im Hinblick auf den einfältigen Gedanken von Prov. 21, 15, der von der komplexen Wirklichkeit des religiös-sittlichen Lebens sich isoliert, Iwein in die entscheidungsschwierige Lage bringt, indem der Dichter in V. 3830 das Wort 'doch grimme' hinzufügt.

Wird Iweins 'zwîvel' und 'vorhten' in der Löwen-Drachen-Kampfepisode und dazu die Anspielungsmöglichkeit des Werkes auf die Proverbia Salomonis beachtet, dann ist obige Erzählkonzeption des Dichters wohl akzeptierbar.

Der Dichter berichtet:

der wurm was starc unde grôz:
daz viur im ûz dem munde schôz.

3843   im half diu hitze und der stanc,
daz er den lewen des betwanc
daz er alsô lûte schrê. (V. 3841-3845).

V. 3844-3845 sind Hartmanns Zutat. Wird das Schreien des Löwen unter der Annahme der biblischen Auslegungsmöglichkeit betrachtet, so kann man das mit dem Prov. 21, 13 in Beziehung setzen, denn die Bibelkonkordanz[7], in der 250 Stellen stehen, die das Wort "schreien" enthalten, zeigt nur diesen Spruch als die Stelle, auf die Iweins Weg-Wahl und Hilfsaktion (s. S.50-51) sich beziehen kann (s. doch Hiob 29, 12)[8].

Zwar schildert der Dichter die Eigenschaft des Drachen mit den Wörtern 'starc' und 'grôz' und jene laute 'stimme' (V. 3829) mit dem Wort 'clägelich' (s. auch V. 3847 'helfen'), aber es wird erst unter der biblischen Vorkenntnis deutlich, daß Iweins Anhören der Stimme seine innere Bewegung des Mitleids bedeutet und seine Hilfsaktion für dem Löwen demgemäß als religiös-sittliche Handlung von 'misericordia', die mit ernsthaftem Refektieren über Gut und Böse verkoppelt wird, zu betrachten ist, mithin als ein bedeutendes Ereignis der 'aventiure' Iweins. Zieht man hierzu Iweins Furcht vor dem Löwen in Erwägung, so verdeutlicht dies die Frage: Ob 'sælde' und 'êre' tatsächlich demjenigen folgt, der nach 'rehte güete' von ganzem Herzen strebt? Ob Gott es zuläßt? Man kann es wohl so auffassen, daß in der Wirklichkeit der fabelähnlichen 'mære' der Spruch 21, 21 der Proverbia Salomonis problematisiert ist, auf den die Verse 1-3 anspielen: 'Qui sequitur justitiam et misericordiam, inveniet vitam, justitiam et gloriam' (Prov. 21, 21)[9].

---

[7] s. "Calwer Bibelkonkordanz", Stuttgart 1922, S. 1048-1049
[8] Es sei denn, man betrachtet Iwein, abgesonderterweise nach seiner funktionellen Rolle, als Erlöser und Helfer (≠ Christus). (vgl. Armin Meng: "Vom Sinn des ritterlichen Abenteuers bei Hartmann von Aue", Zürich, S.60)
[9] Obwohl ich angesichts dieser Deutungsmöglichkeit der V. 1-3 Endres' Ansicht, daß den Poetiken des 12. und 13. Jahrhunderts, die als Beginn einer Dichtung ein 'exemplum' vorschlagen, die Gefahr der Zusammenhangslosigkeit weniger wichtig sei, für fragwürdig halte, da es unsere Unwissenheit bedeuten kann, erscheint sein Hinweis auf

Wird weiter Iweins Hilfsaktion beim Löwen-Drachen-Kampf als eine Handlung von 'misericordia', und Iweins entschlossene Abschiednahme von der Dame Narison als seine gegenüber Laudine bewahrte 'triuwe' betrachtet, so haben diese die Funktion, den Weg vom Protagonisten Iwein vorzuzeichnen. Es ist zu beachten, daß der Spruch 16, 6 der Proverbia Salomonis gerade mit diesem Versöhnungsweg Iweins im schönen Einklang steht: 'Misericordia et veritate redimitur iniquitas, et in timore Domini declinatur a malo' (Prov. 16, 6).

Zieht man ferner Hartmanns Beschreibung von Iweins Ohnmacht und Klage im Wald an der Quelle (V. 3923-3993) in Betracht, so heißt es:

>   als er die linden drobe sach,
>   und dô im dâ zuo vor erschein
>   diu kapelle und der stein,
>   dô wart sîn êre und sîn lant
> 3935 hete verlorn und sîn lôp,
>   von jâmer wart im alsô wê. (V. 3930-3937)

V. 3933-3937 sind Hartmanns Zutat. Der Dichter bringt Iweins 'êre', 'lant' und 'wîp', die er verlor, mit seinem 'jâmer' in Verbindung: Iweins Klage bezieht sich daher auf den Verlust des gesellschaftlichen Standes und des Ansehens, und nicht bloß auf die Sehnsucht nach seiner Frau. Iwein spricht:

>   nû tuot mir daz senen wê, (V. 3984)
>
> V. 3989-3993 diz ist ir êre unde ir lant:
>   daz stuont ê in mîner hant,
>   daz mir des wunsches niht gebrast:
>   des bin ich alles worden gast.
>   ich mac wol clagen mîn schœne wîp:

Iweins Lebenslage und seinen inner-seelischen Zustand kann man mithin als eine 'humilitas'-Situation verstehen; Iwein erlebte schon an der Stelle (V. 3201-3215) mit seiner Tobsucht eine 'humilitas' und danach bei der Dame von Narison, nach dem Kampf mit dem Grafen Aliers, eine 'êre' (V. 3785-3790), obwohl der Dichter an der oben zitierten Stelle im Zusam-

---

'ordo artificiales' beachtenswert (s. R. Endres: "Der Prolog von Hartmanns 'Iwein'", S.535-536).

menhang mit Iweins Selbsterkenntnis (s. S.45-46) viel klarer dessen 'humilitas'-Situation schildert[10].

Sieht man diese kompositorischthematische Anordnung der Dichtung von Hartmann mit Hilfe der Bibel, so ist jenes scheinbar rasch eingeführte, gute Ende der Erzählung (V. 8102-8149) nicht so auffällig, wie man zuerst denkt, da in der Bibel steht: 'Timor Domini, disciplina sapientæ; et gloriam præcedit humilitas' (Prov. 15, 33). Das Wort 'humilitas' klärt Iweins Lebenslage und seinen inner-seelischen Zustand. Man darf also nicht jenes gute Ende einfach als 'unorganisch aufgepfropft und unwahr'[11] betrachten.

Iweins entschlossene Abschiednahme von der Dame von Narison, seine Hilfsaktion beim Löwen-Drachen-Kampf und Ohnmacht an der Quelle sind in der erwähnten Hinsicht als Hartmanns sinnbildlichen Bemerkungen für Iweins Weg zu nehmen.

Kurt Ruh erklärt in seiner Arbeit "Höfische Epik des deutschen Mittelalters" die Aliers- und die Löwen-Drachen-Kampfepisode als epische Vorzeichen, und betrachtet jene als das von 'Dankbarkeit und Dienst' und diese als das von 'Hilfeleistung und Dankbarkeit'[12], weil er die thematische Wichtigkeit des Erzählinhaltes von 'gedienen' und 'lônen' berücksichtigt. Aber es ist fraglich, ob in der Episode von Aliers-Kampf die DANKBARKEIT so klar thematisch wird, wie es als Vorzeichen gilt, da man dort vielmehr sieht, daß der Dichter Iwein als einen tapferen 'GEDIENEN'-fähigen ordentlichen Ritter wiederherstellt, und nicht nachdrücklich die DANKBARKEIT betont. Zwar wird das Thema 'gedienen — lônen' im Werk stark motiviert, aber es scheint mir zweifelhaft zu sein, ob Hartmann besonders in der Episode vom Aliers-Kampf die DANKBARKEIT thematisiert, und zwar als episches Vorzeichen.

Thomas Cramer nimmt aber in seiner Abhandlung "Sælde und êre in Hartmanns 'Iwein'" unter dem Gesichtspunkt

---

[10] s. Cramers Schema des tektonischen Aufbaus der Aventiuren, wo er als 'Unmachtszustand' bezeichnet ("Sælde und êre in Hartmanns 'Iwein', S.442).

[11] s. Peter Wapnewski: "Hartmann von Aue", Stuttgart 1972, S.71

[12] K. Ruh: "Höfische Epik des deutschen Mittelalters", Erster Teil, Berlin 1967, S.152-155

des tektonischen Aufbaus der 'aventiuren' den Kampf mit dem Grafen Aliers als ein vorbildhaftes Modell vom "Kampf für bedrängte und schutzlose Frauen" und den Kampf gegen den Drachen als das vom "Kampf für das Recht", indem Cramer den Löwen als Symbol des Rechts sieht[13]; zu jenem Modell gehören nach Cramers Ansicht, der Kampf mit Harpin und der mit den zwei Riesen der Schlimmen-'aventiure', und zu diesem der Kampf für Lunete und der für die jüngere Schwester vom Schwarzen Dorn: Cramer weist darauf hin, daß die letzteren zwei Kämpfe (für Lunete und für die jüngere Schwester) auf die gesellschaftlich-rechtliche Gerechtigkeit sich beziehen. Es ist aber nicht einsichtig, daß zu dem Modell "Kampf für bedrängte und schutzlose Frauen" nur der Kampf mit Harpin und der mit den zwei Riesen gehören, weil die vier Aventiuren-Kämpfe des Löwenritters alle als "Kampf für bedrängte und schutzlose Frauen" betrachtet werden können. Außerdem ist zu beachten, daß die beiden RIESENKÄMPFE in bezug auf die mitmenschlich-religiös-sittliche Gerechtigkeit dargestellt sind; man kann daher die vier Aventiuren-Kämpfe des Löwenritters als "Kampf für die Gerechtigkeit" bezeichnen. Es fragt sich also wohl, was für eine Erzählkonzeption des Dichters in den beiden RIESENKÄMPFEN und den beiden GERICHTSKÄMPFEN vorliegt.

Betrachtet man unter diesem Aspekt Hartmanns thematische Komposition der Löwenritter-'aventiuren', so sind die folgenden Erzählinhalte für das Verständnis des tektonischen 'aventiuren'-Aufbaus von Wichtigkeit.

> ... 'ichn habe gnâden niht:
> swem mîns dienstes nôt geschiht
> und swer guoter des gert,
> dern wird es niemer entwert.' (V. 6001-6004)

---

[13] "Sælde und êre in Hartmanns 'Iwein'", S.437-444; "Sieht man den Löwen als Symbol des Rechts, so gewinnt die 'aventiure' (Befreiung des Rechts aus den Klauen des Bösen) Modellcharakter für die Rechtskämpfe": so sieht es Cramer ('Anmerkung' v. 3839) zum "Iwein", S. 209).

Dies spricht Iwein zur Botin der jüngeren Tochter des Grafen vom Schwarzen Dorn. Vergleicht man diese Worte Iweins mit den folgenden (zu einer unter den 300 Frauen):

>mir ist iuwer kumber leit:
>und wizzet mit der wârheit,
>sô sêre erbarmet ir mich,
>ich benæme iu gerne, möht ich. (V. 6413-6416)

dann wird in jenen Worten Iweins Hilfsbereitschaft "UM DER GERECHTIGKEIT WILLEN" sichtbar, und in diesen Worten "UM DER BARMHERZIGKEIT WILLEN".

>   und manten in (Iwein) sô verre,
>   daz got unser herre
>4855   im sælde und êre bære
>   der barmherze wære:
>   erbarmet er sich über sî,
>   dâ stüende gotes lôn bî.
>   Daz beweget im den muot:
>   wan er was biderbe unde guot. (V. 4853-4860)

Dieser Bericht steht an der Stelle vor dem Kampf mit dem Riesen Harpin: die 'erbermde' Iweins wird auch hier thematisch (s. Vv. 4740-4741, 4932-4933). Aber hinsichtlich der Episode vom Kampf für Lunete steht Iweins 'erbermde' nicht in Rede, sondern seine 'triuwe' (Vv. 4260, 4341-4343) und Lunetes 'unschulde'.

Erkennt man diese thematisch-kompositorische Anordnung des Erzählinhaltes von Hartmann, so ist erkennbar, daß der tektonische 'aventiuren'-Aufbau des "Iwein" sich auf den Spruch 21, 21 der Proverbia Salomonis beziehen kann, denn der Dichter flicht diese Zutat ins Werk ein:

>   Diz redte er (der König Artus), wander weste
>   ir (der älteren Schwester) herze alsô veste
>7705   an hertem gemüete,
>   **durch reht noch durch güete**
>   enhete sîz nimmer **getân.** (V. 7703-7707)

Jene GERICHTSKÄMPFE Iweins sind demnach als eine Hilfeleistung, die 'durch reht' getan wird, und die RIESENKÄMPFE als eine, die 'durch güete' getan wird, zu betrachten, wenn man

Hartmanns Sinngebung der Zutat V. 7703-7707 im Zusammenhang mit den Versen 1-3 erwägt und die Hinzufügung des Dichters nicht als zwecklose Zutat sieht[14], obzwar man berücksichtigen muß, daß Iweins 'tiuwe' in den Kampfepisoden mit dem Thema 'gedienen — 'lônen' verwickelterweise stark motiviert ist, da Iwein z.B. nach dem Kampf mit Harpin äußert: 'daz hân ich durch in (Gawein) getân' (V. 5122). Auch jene dreimaligen Lohnangebote sind im Hinblick auf das Thema Iweins 'triuwe' zu erwägen.

Sieht man diese kompositorisch-thematische Anordnung des Dichters für Iweins Weg zur 'êre', dann ist jenes scheinbar rasch herbeigeführte, gute Ende der Erzählung (V. 8102-8149) nicht mehr als solches zu bewerten[15]: das ist wohl für uns, heutigen Lesern, auffällig, die die Vorkenntnis der Bibel nicht mehr haben.

Ich habe oben in bezug auf die Proverbia Salomonis einige Deutungsversuche der Löwen-Drachen-Kampfepisode und von Iweins Schuldproblem und Aventiurenweg unternommen, und habe gemäß der thematischen Darstellungstendenz des Dichters bzgl. des religiös-sittlichen Problems erklärt, in welchen thematischen Beziehungen das Werk "Iwein" zu den Proverbia Salomonis stehen kann. Jedoch meine ich nicht, daß Hartmann nur das Buch der Sprüche als Quelle biblischer Erkenntnis gehabt hätte, sondern bin der Auffassung, daß die Proverbia Salomonis als **eine** für das Verständnis des "Iwein" unentbehrliche literarische Überlieferung zu nehmen

---

[14] Hinsichtlich dieser Auffassungsmöglichkeit der V. 1-3 wird Beneckes Ansicht annehmbar: "sælde und êre leuchtet als unwandelbarer Leitstern in den ersten zeilen des gedichtes, sælde und êre in der letzten" ("Iwein, v. Hartmann von Aue, mit Anm. v. G.F. Benecke u. K. Lachmann, Berlin 1966, S.257 — vgl. "Iwein", v. Hartmann von Aue, hg. Emil Henrici, Halle 1891, S.389 —.

[15] Obwohl Walter Ohly schreibt: "der betont unverbindliche und allgemein gehaltene Prolog des 'Iwein' gibt uns keinerlei Anhalt" oder "nie spricht der Erzähler direkt von einer neuen Gesinnung Iweins, wie im 'Armen Heinrich' von der 'niuwen güete'" (s. "Die heilsgeschichtliche Struktur der Epen Hartmanns von Aue", S.139 u. S.131), so macht der oben unternommene Deutungsversuch doch jene heilsgeschichtliche Struktur des Werks erst deutlich.

sind, weil dadurch die thematische Anordnung des Werks im Gegensatz zu den bisherigen Deutungsversuchen viel klarer und sinnvoller wird.

Bei dieser Gelegenheit möchte ich, um einem möglichen Mißverständnis hinsichtlich der oben unternommenen Deutung vorzubeugen, noch einmal deutlich machen, daß ich z.B. akzeptiere, daß Hartmanns "Iwein" auch mit dem "Ecclesiasticus" in enger thematischer Beziehung steht. Zieht man zum Verständnis dafür die Kapitel 12-13 des Buch Jesus Sirach heran, wo steht:

Sir 12, 1		si benefeceris scito cui feceris et erit gratia in bonis tuis multa
	2	benefac iusto et invenies retrbiutionem magnam et si non ab ipso certe a Domino
	3	non est ei bene qui adsiduus est malis et elemosynam non danti quoniam et Altissimus odio habet peccatores et misertus est paenitentibus
	4	da misericordi et ne suscipias peccatorem et impiis et peccatoribus reddet vindictam custodiens eos in die vindictae
	5	da bono et non receperis peccatorem
	8	non agnoscetur in bonis amicus et non abscondetur in malis inimicus
	9	in bonis viri inimici illius in tristitia et malitia illius amicus agnitus est
	10	non credas inimico tuo in aeternum sicut enim aeramentum eruginat nequitia illius
	11	**et si humiliatus vadat curvus adice animum tuum et custodi te ab illo**

| | , 12 | non statuas illum penes te
nec sedeat ad dexteram tuam
ne conversus stet in loco tuo
ne forte conversus in locum tuum
inquirat cathedram tuam
et in novissimo cognoscas verba mea
et in sermonibus meis stimuleris |
| | 13 | quis miserebitur incantatori a **serpente** percusso
et omnibus qui adpropiant **bestiis**
et qui comitatur cum viro iniquo
et obvolutus est peccatis eius |
| Sir 12, 14 | | una hora tectum permanebit
si autem diclinaveris non
subportabit |
| | 15 | in labiis suis indulcat inimicus
et in corde suo insidiatur
ut subvertat te in foveam |
| | 16 | **in oculis suis lacrimatur** inimicus
et si invenerit tempus non satiabitur **sanguine** |
| | 17 | si incurrerint tibi mala invenies
eum illic priorem |
| | 18 | **in oculis suis lacrimatur** inimicus
et quasi adiuvans suffodiet plantas tuas |
| Sir 13, 10 | | adtende ne seductus in stultiam humilieris |
| | 11 | noli esse humilis in sapientia tua
ne humiliatus in stultitiam seducaris |
| | 17 | audiens vero illa quasi in somnis vide
et vigilabis [18] omni vita tua
dilige Deum et invoca eum in salute tua |
| | 19 | omne animal diligit similem sibi
sic et omnis homo proximum sibi |

, 20   omnis caro ad similem sibi
       coniungitur
       et omnis homo simili sui sociabitur
  23   **venatio lemnis onager in heremo**
       sic pascua sunt divitum pauperes

dann ist anzunehmen, daß die Löwen('bestia')-Ritter(Iwein)-Episode sich in thematischer Hinsicht auf diese Verse des Ecclesiastucus bezieht, denn Hartmann berichtet an dieser Stelle des Löwen-Drachen-Kampfs über Iweins Entscheidungsnotlage für die Hilfsaktion:

> wan alsô ist ez gewant,
> als ez ouch undern liuten stât:
> sô man aller beste gedienet hât
> dem ungewissen manne,
> sô hüete sich danne
> daz ern iht beswîche.
> dem was diz wol gelîche. (V. 3854-3860)

Obwohl dieser Erzählerkommentar Hartmanns bisher kaum beachtet wurd, so macht sie doch im Anschluß an die obigen Verse des Ecclesiasticus eine thematische Spannung der Episode von Iweins Löwenhilfe deutlich; auch Chrestiens Bericht über Yvains Befreiung des Löwen spielt wohl auf diese Verse des Ecclesiasticus an (s. Sir. 12, 11-13 u. 16; 13, 23): daß der Löwe Tränen der Dankbarkeit vergießt (Chrest. v. 3400f), verdient z.B. in bezug auf den Vers Sir. 12, 16 betrachtet zu werden.

Viele Interpreten weisen hinsichtlich der Löwen-Episode bloß auf die stoffgeschichtlichen Bezüge etwa mit Androklus dankbaren Löwen oder mit verschiedenen mittelalterlichen Löwen hin, die in der Erzählliteratur des 12. Jahrhunderts auftauchen, aber es scheint mir bedenklich, daß man, wie etwa H. Sparnaay, meint, Chrestien habe den Löwen 'ohne tieferen Grund' in seine Erzählung aufgenommen[16]; denn es ist noch genauer nachzuprüfen: in welchem thematischen Sinnzusammenhang diese in der mittelalterlichen Zeit nicht seltene Löwen-Episode dem Werk zugefügt ist. Wird z.B. jene im I.

---

[16] H. Sparnaay: "Hartman von Aue", II. Band, S.39

Kapitel erzielte Deutungsmöglichkeit der Löwen-Drachen-Kampfepisode im Anschluß an die obigen Verse des Ecclesiasticus erwogen, so steht die Deutung mit den Versen desselben in der thematischen Übereinstimmung. Erkennt man im übrigen, daß das Ecclesiasticus oft gleiche sittliche Gedanken enthält wie die Proverbia Salomonis und mit dem Werk zum Teil direkter als die Proverbia Salomonis in thematischer Beziehung steht[17], dann ist die Anspielungsmöglichkeit "das Werk 'Iwein' — 'Liber Jesus Filii Sirach'" wohl zu akzeptieren. Für das Verständnis der Erzählkonzeption des Dichters ist es von Wichtigkeit, zu untersuchen, welcher Erzählinhalt **in welchem thematischen Sinnzusammenhang, auf welche** Bibelstelle oder auf welche kirchliche Literatur anspielend, dargestellt ist.

Ich beabsichtige nicht zu behaupten, daß Hartmann dem Werk "Iwein" nur die Proverbia Salomonis untergelegt hätte.

---

[17] s. Verse des Ecclesiasticus in den Anmerkungen zum II. Kapitel

(b) Über den Löwen

Iweins Furcht vor dem Löwen wurde oben (S.49) als die Furcht Gottes gedeutet. Aber was für ein Sinnträger ist der Löwe? Im Hinblick auf dieses Problem habe ich im I. Kapitel nach Chrestiens und Hartmanns Thematik über das religiös-sittliche Problem einen Deutungsversuch des Löwen unternommen und diesen, etwa wie Armin Meng, als einen Sinnträger des Guten gedeutet. Stellt man sich jedoch jenen Löwen vor, der nach dem Kampf mit dem Drachen den wandernden und für die Gerechtigkeit kämpfenden Protagonisten Iwein begleitet, dann kann der Löwe auch eine allegorische Bedeutung von 'justitia' haben. Es ist also noch zu erwägen, was für ein Bedeutungsträger der Löwe ist, und zwar nach dessen Verhalten. Um dies aufzufassen, möchte ich den Text betrachten:

V. 3833-3834 von wurme ode von tiere:
er bevandez aber schiere.

3839-3840 unverzagten siten
ein wurm unde ein lewe striten.

In diesen Versen berichtet der Dichter:
+) Der Sinnträger ist ein 'tier', nämlich ein 'lewe'.

V. 3848-3853 und bedâhte sich daz er wolde
helfen dem edlen tiere.
doch vorhter des, swie schiere
des wurmes tôt ergienge,
daz in daz niht vervienge,
der lewe bestüende in zehant.

Hier wird der Löwe als das edle Tier dargestellt, obwohl Iwein sich vor ihm fürchtet. Warum wird der Löwe das edle Tier genannt? Um dies zu erklären, haben schon viele Interpreten genügend Literaturhinweise gegeben[1], also schiebe ich dieses

---

[1] Warum wird der Löwe das edle Tier genannt? Was konnte sich das Publikum des Mittelalters unter einem Löwen vorstellen? Mit diesem Problem befaßt sich z.B. G.J. Lewis sich umfassend vom Tierthema aus (s. "Das Tier und seine dichterische Funktion in Erec, Iwein, Parzival und Tristan", Bern u. Frankfurt/M. 1974, S.66-71). Ich habe

Problem beiseite. Im Hinblick auf Iweins 'vorhten' möchte ich aber darauf aufmerksam machen, daß der Dichter Iweins 'zwîvel'-Zustand mit der Zutat V. 3854-3860 (s. S.69) in einem Gleichnis darstellt; nach diesem Gleichnis gesehen ist der Löwe dem 'ungewissen manne' gleich. Iweins Aventiure (V. 3918) mit dem Löwen im Wald kann sich hierauf beziehen[2], da Iwein erst nach dem Kampf mit Gawein den Löwen als Freund nimmt (V. 7739); Hartmanns Zutat, 'swer den man erkennen sol, dâ hœret langer wîle zuo' (V. 4192-4193), ist zu berücksichtigen.

+)   Der Löwe ist das edle Tier, aber er ist für Iwein der Unbekannte.

V. 3869-3885   sich bôt der lewe ûf sînen vouz
                    und zeict im unsprechende gruoz
                    mit gebærde und mit stimme.
                    hie liez er sîne grimme
                    und erzeict im sîne minne
                    als er von sîne sinne
                    aller beste mohte
                    und einem tiere tohte.
                    er antwurt sich in sîne pflege,
                    alser in sît alle wege
                    mit sînem dienste êrte
                    und volgt im swar er kêrte
                    und gestuont im zaller sîner nôt.
                    unz sî beide schiet der tôt.
3883   Der lewe und sîn herre
                    die vuoren unverre
                    unz er ein tier ersmahte.

Diese Szene charakterisiert den Löwen anders als zuvor. Der Löwe zeigt sich hier harmlos, artig, lieb und gehorsam. Wird die Aufmerksamkeit auf die Wort 'mit sînem dienste' (V. 3879) und 'der lewe und sîn herre' (V. 3883) gerichtet, so kann der Löwe die Bedeutung eines **Dienenden** besitzen.

---

   aber in diesem Abschnitt versucht, textnah zu zeigen, wie und in welchem thematischen Zusammenhang der Dichter den Löwen darstellt, damit eine Deutungs-grenze für die Bedeutungsuntersuchung des Löwen sichtbar gemacht werden kann.

[2] Hartmanns Zusatz, 'und daz mit selben bejage **der wilde lewe** disem man sîne spîse gewan' (V. 3920-3922), zu beachten.

V. 3886-3895	nû twanc in des sîn ahte,
	beidiu der hunger sîn art,
	dô er des tieres innen wart,
	daz er daz gerne wolde jagen.
3890	dazn kunderm anders niht gesagen,
	wan er stuont und sach in an
	und zeicte mit dem munde dan:
	dâ mite teterz im kunt.
	dô gruoztern als einn suochhunt
	und volgt im von der strâze

Der Löwe zeigt Iwein seine Jagdbegierde durch seine Gebärde an. Zwar betont der Dichter, daß der Löwe ein Tier ist (V. 3887 'sîn art'), aber die Gebärde, die der Löwe vor Iwein macht, kommt uns doch merwürdig vor, weil der Löwe seine Begierde merken läßt und dem Wild nicht sofort nachjagt, bis Iwein ihn anfeuert. Diese Verhalten des Löwen ist daher als dasjenige zu betrachten, daß ein Diener dem Herrn gegenüber zeigt, weil das Tier sich, im allgemeinen genommen, seiner Natur nach triebhaft verhalten würde[3].

V. 3897-3900	dâ er ein rêch stânde vant,
	unde vienc ouch daz zehant
	und souc im ûz daz warme bluot:
	dazn wær sînem herren doch niht guot.

V. 3909-3922	daz im dâ überiges schein,
	daz âz der lewe unz an diu bein.
	Her Îwein leite sich und slief:
	der lewe wachet unde lief
	umb sîn ors unde umb in.
	er hete die tugent und den sin
3915	daz er sîn huote zaller zît,
	beidiu dô unde sît.
	diz war ir beider arbeit,
	daz er nâch âventiure reit
	rehte vierzehen tage,
3920	und daz mit selben bejage
	der wilde lewe disem man
	sîne spîse gewan.

Zwar saugt der Löwe warmes Blut des Rehs aus, aber der Dichter berichtet sofort: ' dazn wær sînem herren doch niht

---

[3] s. V. 500-501

guot' (V. 3900). Der Löwe frißt, was übrig bleibt, hält Wache, während Iwein schläft, und versorgt ihn mit Nahrung. Dieses Verhalten des Löwen macht deutlich, daß der Löwe als der Dienende dargestellt ist.

+) Der Löwe ist der 'wilde lewe', aber er ist auch als ein Dienender dargestellt, der die 'tugent' und 'sin' hat.

V. 3950-3954   des wart in unmuote
der lewe, wânde er wære tôt,
und was im nâch dem tôde nôt.
er rihte daz swert an einen strûch
und wolt sich stechen durch den bûch,

V. 4001-4005   nû gît mir doch des bilde
dirre lewe wilde,
daz er von herzeleide sich
wolde erstechen umbe mich,
daz rehtiu triuwe nâhen gât;

Die Szene mit dem Selbstmordversuch des Löwen kommt uns komödienhaft vor, aber seine Zuneigung zu Iwein wird deutlich. G.J. Lewis äußert hinsichtlich dieser Szene, Minne und Schmerz des Löwen seien kratürlich echt und spontan[4], aber gibt keine Erklärung dafür, daß der Löwe nicht wahrnehmen konnte, ob Iwein tot oder am Leben war, obwohl Lewis beim Tier die besondere Art des Verstehens, 'eine erstaunliche Einfühlungskraft des Tieres'[5], annimmt. Wichtig erscheint aber an dieser Stelle der Hinweis auf die 'triuwe' des Löwen und Iweins Anerkennung derselben, denn Iwein hält an der Stelle V. 4005 (im Selbstgespräch) den Löwen für ein Beispiel wahrer 'triuwe'. Es ist ferner zu beachten, daß der Dichter in der davorstehenden Waldszene die einseitige Zuneigung des Löwen zu Iwein zum Ausdruck bringt.

+) Der Löwe ist ein Beispiel der 'triuwe'.

V. 4357-4359   Nû entwelter dâ niht mê
(sîn lewe volget im als ê)
und reit unz er ein hûs ersach.

---

[4] G.J. Lewis: a.a.O., S.74
[5] ebd. S.77

Diese kurze Zwischenerzählung macht eine steigende Intimität der Beziehung zwischen Iwein und dem Löwen deutlich, denn der Dichter gebraucht das Wort 'sîn lewe': der Löwe wird von der Perspektive des Erzählers aus 'sîn lewe' genannt; auch Iwein wird schon im Vers 4741 der 'rîter des lewen pflac' genannt.

V. 4811-4817
sî prîsen sêre sînen muot:
er dûhtes biderbe unde guot,
in allen wîs ein hövesch man.
daz kuren sî dar an
daz der lewe bî im lac
und anders sites niene pflac
niuwan als ein ander schâf.

Der Löwe benimmt sich wie ein Schaf. H. Linke sieht in der Szene den überwundenen Löwen[6], aber der Verskontext (V. 4811-4815) erklärt genau genommen, daß Iweins Würdigkeit von 'biderbe', 'guot' und 'hövesch' durch die Verhaltensweise seines Gefährten erkennbar wird. Überprüft man nun, ob der Löwe in irgendeiner Stelle des Textes auf die Drohung oder Bitte Iweins handelt, so findet man keine solch Stelle. Iwein sagt sogar vor dem Kampf für Lunete:

V. 5293-5296
der lewe vert mit mir alle zît:
ichn vüere in durch deheinen strît,
ich entrîb in ouch von mir niht:
werent iuch, tuot er iu iht.

Es ist aus dem Text ablesbar, daß der Löwe aus freiem Willen handelt (s. Vv. 5050, 5375, 6737ff, 7730)[7]. Zieht man hierzu die folgende Zutat Hartmanns in Betracht:

---

[6] H. Linke: "Epische Strukturen in der Dichtung Hartmanns von Aue", S.146
[7] Hartmann berichtet z.B. an einer späteren Stelle vor dem Kampf für Lunete:

sus muose der lewe hôher stân:
dochn mohter des niht verlân
ern sæhe über den rüche dan
sînen herren wider an. (V. 5303-5306)

Bei Chrestien steht aber: "Da befiehlt er (Yvain) dem Löwen, sich zurückzuziehen und ganz ruhig niederzulegen, und der tut nach seinem Willen" (Chres. Y. ü. v. I. N-H., S.225).
Hartmann betont das individuell-selbständige Temperament des Löwen, obwohl Chrestien seine Gehorsamkeit ausdrückt.

Im Hinblick auf diese unterschiedliche Darstellungsweise des Löwen kann man jenen Bericht bei Chrestien, "sie vertrauen ganz auf seine Rittertugend und glauben fest, daß er (Yvain) ein guter Ritter sei, weil er den Löwen zum Gefährten hat, der sanft wie ein Lamm an seiner Seite liegt" (s. a.a.O., S.203), auf die folgenden Verse des Ecclesiasticus beziehen:

Sir. 47, 3   cum leonibus lusit quasi cum agnis
et in ursis similiter fecit sicut cum agnis
ovium
in iuventute sua numquid non occidit gigantem
et obprobium de gente

A.T. Hatto, der den Löwen als Symbol Christi auffaßt, verweist in exegetischer Sicht auf Apoc, 5, 5: "ecce vicit leo de tribu Juda, radix David, aperire librum et solvere septem signacula eius. Et vidi, et ecce in medio throni et quattuor animalium, et medio seniorum agnum stantem tamquam occisum" ("'Der Aventiure Meine' in Hartmanns Iwein", S.98). H. Linke verbindet mit V. 4816-4817 Hartmanns mit einem Spruch Walters von der Vogelweide (Lachmann, Nr. 81, 7) und meint, daß der Löwe als Seelenmacht zu sehen ist ("Epische Strukturen in der Dichtung Hartmanns von Aue", S.146):

81, 7   Wer sleht den lewen? wer sleht den risen?
wer überwindet jenen unt disen?
daz tuot einer der sich selber twinget,

Ich fasse es jedoch angesichts des oben gezeigten Darstellungsunterschiedes des Löwen von den beiden Dichtern so auf, daß Hartmann die Verse 4811-4817 an Sir. 10, 2 oder 13, 19-20 (evtl. Prv. 29, 12) anschließt, d.h. daß er dort betont, daß Iweins Würdigkeit durch die Verhaltensweise des Löwen erkennbar wird, denn man kann bei dieser Auffassung verstehen, warum Hartmann den Bericht Chrestiens wegläßt: daß die Knappen Angst vor dem Löwen haben und Yvain bitten, ihn außerhalb der Burg zu lassen (Chrest. v. 3787). T.H. Cramer sieht aber den Hartmannschen Abweichungsgrund darin, daß bei ihm stets **nur** die Bösen und Rechtsbrecher den Löwen, das Rechtssymbol, fürchten würden (s. Cramers 'Anmerkung' (v. 4379) zum "Iwein", S.212). Hartmann berichtet nun über Lunetes Furcht vor dem Löwen:

V. 5578-5583   dar kêrt er dô durch sîn gemach,
und vant beslozzen daz tor,
und einen knappen dâ vor.

> und sîn lewe, der sîn dâ pflac,
> der gesach vil schiere sînen haz
> und gestuont hin nâher baz.
> Nû was diu reine guote maget
> von vorhten alsô gar verzaget
> daz sî vil kûme ûf gesach:
> do gevienc sî kraft unde sprach
> 'herre, daz vergelt iu got:
> der weiz wol daz ich disen spot
> und dise schande dulde
> ân alle mîne schulde;
> und bite des unsern herren
> daz sî iu müezen werren
> niuwan als ich schuldec sî,' (V. 5226-5239)

V. 5226-5229 sind Hartmanns Hinzufügung. Ist Lunete als ein böser Mensch oder ein Rechtsbrecher dargestellt? Wenn man Cramers Ansicht akzeptiert, so muß man die Frage bejahen. Betrachtet man jedoch im Vergleich zu Chrestiens Bericht, wie unterschiedlich Hartmann Lunete charakterisiert, dann ist deutlich, daß Hartmann, anders als Chrestien, sie positiv beschreibt (s. z.B. Hartmanns Zutat V. 1784-1788, Weglassen des Geschwätzes Lunetes über ihre Hilfsaktion für Yvain: Chrest. v. 2424ff, Iw. 5204-5216 oder das Wort 'diu reine quote maget'). Außerdem macht Cramers Ansicht seine Auffassung "Iweins Kampf für Lunete = RECHTSKAMPF" fragwürdig, wenn Lunete ein Rechtsbrecher wäre. Viel verständlicher würde es, wenn Cramer das Wort "nur" erspart hätte.

In der Bibel heißt es noch:

Prv. 31, 30   SIN fallax gratia et vana est
pulchritudo mulier timens Dominum
ipsa laudabitur
Sir 25, 13   quam magnus qui invenit sapientiam
et scientiam
sed non est super timentem Deum
Sir 25, 14   timor Dei super omnia superposuit

Den Anlaß zur Furcht gibt zwar der Löwe Lunete, aber ihre Furcht bezieht sich auf Gott. Man könnte wohl Lunetes Furcht als die Furcht Gottes betrachten. Es scheint mir wichtig zu sein, daß man noch stärker Hartmanns Personenbeschreibung berücksichtigt, die von der Vorlage Chrestiens abweicht.

	der erkande wol sîns herren muot:
	sîn herre was biderbe unde guot,
	daz wart wol an den knappen schîn:
V. 6067-6068	ich kiuse bî dem boten wol
	wie man die vrouwen weren sol.

dann ist anzunehmen, daß die Verse, 'daz der lewe bî im lac und anders sites niene pflac niuwan als ein ander schâf' (V. 4815-4817), mit dem Spruch 29, 12 der Proverbia Salomonis oder mit den 10, 2 u. 13; 19, 20 des Buchs Jesus Sirach, was das 'schâf' auch immer bedeuten mag, in thematischer Beziehung stehen (s. S.27), insofern Hartmanns Sinngebung zur Zutat V. 5578-5583 nicht als zwecklosen Einfall betrachtet und die bereits gezeigte biblische Auslegungsmöglichkeit anerkannt wird (s. das II. Kapitel und den Abschnitt (a) des III. Kapitels).

Sir. 10, 2	secundum judicem populi sic et
	ministri eius
	et qualis rector est civitatis tales
	et inhabitantes
Sir. 13, 19	omen animal diligit similem sibi
	sic et omnis homo proximum sibi
20	omnis caro ad similem sibi coniungitur
	et omnis homo simili sui sociabitur

Es ist auch möglich, die Worte Gaweins, 'ich erkenne iuch bî dem lewen wol' (V. 7762) in gleicher Hinsicht zu verstehen (s. auch Vv. 5123-5125, 5496-5497, 5502-5506).

+) Der Löwe benimmt sich wie ein Schaf und zeigt sich als ein Zeichen für die Gesinnung Iweins.

V. 5123-5126	vrâger iuch wiech sî genant,
	sô tuot im daz erkant
	daz ein lewe mit mir sî:
	dâ erkennet er mich bî.

Dies äußert Iwein nach dem Sieg über Harpin vor dem Burgherrn: Iwein akzeptiert also den Löwen offen als einen Vertreter seines Namens.

— Warum vermeidet Iwein aber seinen Namen zu nennen? Darauf kann man wohl leicht antworten, da berichtet wird, daß Iwein sich über seine Torheit grämt und für schuldig hält (Vv. 3221ff, 3966, 4218, 5470, 5500). Was jedoch zu erwägen ist, ist worin Hartmanns thematische Sinngebung der Zeichenfunktion des Löwen als Anonymus des Iwein besteht, denn dies wird je nach der Deutung des Löwen verschieden zu interpretieren sein. G.J. Lewis äußert im Hinblick auf den Vers, 'daz ein lewe mit mir (Iwein) sî' (V. 5125), daß der Ritter mit dem Löwen einen so engen Pakt eingegangen sei, daß er sich vor aller Welt auch namentlich mit dem Tier identifizierte[8], weil Lewis 'eine untrennbare innere Einheit'[9] zwischen Iwein und dem Löwen annimmt. Bedenklich ist aber, ob solche 'untrennbare innere Einheit' in der gegenseitig zuverlässigen Beziehung zwischen Iwein und dem Löwen gesehen werden kann, denn man sieht im Text, daß eine gegenseitig hilfsbereite Mensch-Tier-Beziehung im Anschluß an das Thema von 'gedienen — lônen' dargestellt ist. Es fragt sich wohl hier, was unter Lewis' Wort 'Identifizieren' zu verstehen ist. G.J. Lewis betont Iweins 'HELLHÖRIG'-GEWORDEN SEIN zweimal in seiner Abhandlung[10]. Aber wer kann einen solchen inner-seelischen Vorgang des Protagonisten feststellen? Zwar schildert Hartmann den Löwen dem Tier gemäß und stellt eine zuverlässige und freundliche 'MENSCH-TIER'-Beziehung thematisch dar, aber es bleibt die Frage, ob Hartmann im "Iwein" wirklich jene innere Einheit zwischen MENSCH und TIER thematisiert. Lewis meint, wie H. Linke, daß der Löwe eine vorbildlich-erzieherische Funktion für den 'zuht'-losen Iwein besitzt[11], und behauptet, daß der Iwein sich im Verlauf der Erzählung das 'Natürlich-Kratürliche' zu eigen macht, und zwar durch die Annahme des Tieres. Aber was hat Iwein z.B. durch den Selbstmordversuch des Löwen **gelernt**? Gewiß steht fest, daß Iwein durch die 'triuwe' des Löwen erkannt hat, aber es ist fraglich, ob solche Erfahrung Iweins unter der Deutung 'IWEIN

---

[8] G.J. Lewis: "Das Tier und seine dichterische Funktion in Erec, Iwein, Parzival und Tristan", S.75
[9] Lewis: ebd.
[10] Lewis: a.a.O., S.67 u. 74
[11] Lewis: a.a.O., S.85; H. Linke: "Epische Strukturen in der Dichtung Hartmans von Aue", S.145

LERNT' zu verstehen ist[12]. Wird auch jene Löwendankbarkeit (V. 3869-3876) in solcher Hinsicht erwogen, so erscheint die Erzähltatsache bedeutsam, daß Iwein für den Löwen als 'ein vrum man' (V. 3861) in die Hilfsaktion tritt, obwohl man oft einseitig darauf hinweist, das Iwein vom Löwen lernen würde, was die DANKBARKEIT ist. G.J. Lewis unterstützt seine Betrachtung mit der Annahme der Deutung, daß in "Iwein" die extremen Pole der fragwürdigen "ästhetischen Scheinwelt" des Artuskreises einerseits neben der tierähnlichen Waldmensch-Realität andererseits gestaltet würden und dazwischen der Ritter mit dem Tier, das komplexe Bild einer vollentwickelten Persönlichkeit, als ausgewogene Mitte erschiene[13]. Aber es ist fraglich, ob man, wie Lewis, Hartmanns Darstellung des Iwein als die voll entwickelte Persönlichkeitsbeschreibung sehen muß, weil viel einfacher die Beziehung 'Iwein – der Löwe' als eine freundliche MENSCH-TIER-Beziehung betrachtet werden kann. Wird Iweins Verhalten zum Löwen (Tier) mit dem des Waldmanns zu seinen Tieren verglichen, so ist deutlich, daß die Gestalt des Waldmanns nicht

---

[12] Zwar stimme ich der Auffassung zu, daß Iweins Lebenslauf als seine Erfahrung, mithin als ein Lern-Vorgang zu nehmen ist, aber es scheint mir fragwürdig, ob man deshalb die erzieherische Funktion des Löwen für Iwein einseitig betonen darf.
Marie Theres Nölle schreibt: "an seinem Löwen lernt und übt Iwein Treue, Zuwendung und Hingabe, denn der Löwe lebt sie ihm vor" ("Formen der Darstellung in Hartmanns 'Iwein', Bern u. Frankfurt/M., S.64), aber der Dichter macht, nach meiner Ansicht, durch die Löwen-Ritter-Aventiure vor allem eine gegenseitig hilfsbereite zuverlässige freundliche Lebensbeziehung zwischen dem Löwen und I-wein zu einem wichtigen Thema des Werks. Inwieweit kann die Löwenritter-Aventiure unter dem Deutungsaspekt "IWEIN LERNT" betrachten? In welcher Stelle und was lernt Iwein vom Löwen? Obwohl Lewis meint, daß der Löwe Iwein nicht nur größere körperliche Stärke, sondern auch moralische Kraft verleihen würde, kann man kaum seiner Meinung textnah überprüfend beistimmen (s. Lewis: a.a.O., S.85).

[13] Lewis: a.a.O., S.84; Hugh Sacher sieht auch ähnlich wie Lewis: "A knight, in this work, is a highly educated human being, a lion is an innately moral animal; King Artus' court is full of knights, the wild herdsman has control over animals — but only in Iwein are both aspects of human nature integrated" ("An Interpretation of Hartmann's Iwein", S.16).

als eine Präfigration für Iwein[14], sondern noch genauer als eine bildhafte und anschauliche Gegenüberstellung des Antitypus zu Iweins Gestalt (als Löwenritter) zu nehmen ist, denn der Waldmann, der dem Menschen (Kalogrenant) ein Freundschaftsangebot macht (V. 484-485), beherrscht seine Tiere so:

> mîn zunge und mîn hant,
> mîn beten unde mîn drô,
> die hânt mirs gemachet sô
> daz sî bibende vor mir stânt
> und durch mich tuont unde lant. (V. 506-510)

während Iwein dagegen offen sowohl Gawein als auch den Löwen für seinen Freund nimmt (V. 7739): Keinen Befehl und keine Drohung äußert Iwein im Text dem Löwen gegenüber, und der Löwe dient Iwein treulich ohne Furcht vor ihm. Der Waldmann, der jene 'in niuwen stunden' (V. 467) zwei Tieren abzogenen seltsamen Kleider trägt, äußert dazu: 'ich pflige ir, und sî vürhent mich als ir meister unde ir herren' (V. 494-495). Es ist ersichtlich, daß Hartmann eine exemplarische und bedenkliche MENSCH-TIER-Beziehung zu einem Thema macht, indem der Dichter jene wilden, scharfgehörnten Stiere bei Chrestien[15] streicht und durch die Hinzufügung der Verse, **'aller der tiere hande die man mir genande**, vehten unde ringen mit eislîchen dingen' (V. 405-408), das Thema

---

[14] Obwohl man, da Hartmann Iwein als Waldtoren mohrenhaft schildert (V. 3348), den Waldmann als Präfigration des Iwein nehmen **kann** (s. V. 427), so bleibt die Frage offen, in welchem thematischen Zusammenhang der Dichter es tut. Vergleicht man z.B. das Waldleben des Waldtoren (V. 3275-3282) mit dem des Löwenritters (V. 3901-3908), dann ist ablesbar, daß in der Episode von Iweins Waldleben ein zivilisations- und sozialisations-geschichtliches Moment thematisch wird. In dieser Hinsicht kann das Waldleben des Waldtoren als das Leben ohne Hilfe des TIERES gesehen werden. Es ist zu beachten, wie die Lebensweise des Einsiedlers sich entwickelt (V. 3331-3344).

[15] Im Hinblick auf Chrestiens Beschreibung des Waldmenschen kann man sagen, daß Chrestien ihn wohl als Präfiguration des Yvain darstellt, denn Chrestiens Yvain kann in thematischer Sicht als jener 'incantator' der Bibel (Sir. 12, 13) aufgefaßt werden, wenn man die auf S.67-69 erwähnte Anspielungsmöglichkeit "die 'Löwen-Schlange-Kampfepisode' — die Kapitel 12-13 des 'Ecclesiasticus'" erkennt (s. S.75: Anmerkung 7).

"MENSCH-TIER"-Beziehung veranschaulicht, und daß mit diesem Thema verkoppelt das Thema von der "HERRE (MEISTER)-KNEHT (GESINDE)"-Beziehung in der Waldmann-Episode bildhaft motiviert ist. Der Waldmann als ein HERRE- und MEISTER-Bild kontrastiert mit dem Bild von Artus, weil Hartmann berichtet: 'wander (Artus) was in weizgot verre baz geselle dan herre' (V. 887-888)[16]. Wird in gleicher Hinsicht die 'HERRE-GESINDE'-Beziehung der I. gastfreundlichen Burg (V. 282-314) in Betracht gezogen, dann erkennt man, daß diese Burg nicht bloß die Funktion eines Wegweisers, sondern auch die eines positiven Bildes des geordneten, gesellschaftlich-sozialen Lebens besitzt[17]: dieser eindeutig geschilderte Burgzustand steht mit jenem Redestreit des Artushofs zwischen der Königin und Keie (V. 137-182) im thematischen Kontrast; man sieht schon in diesem Redestreit Hartmanns Thematisierung des Problems der menschlichen Beziehung, denn Keie spricht zu der Königin: 'ir strâfet mich als einen kneht' (V. 171), und verlangt, daß er als Ritter behandelt wird (V. 168). Wird ferner die Beziehung zwischen dem Waldmann und seinen Tieren als eine gesellschaftliche Beziehung "HERRE — GESINDE" betrachtet, so ist festzustellen, daß dem 'HERRN' die barmherzige 'GESINDE'-Bildungsfähigkeit und dem 'GESINDE' die freiwillige, zuverlässige Dienstfähigkeit mangelt: die Tiere des Waldmannes kämpfen grausam miteinander und stehen doch unter seinem Befehl und zittern vor seiner Drohung. Der Waldmann antwortet auf die Frage Kalogrenants, 'nû sage mir, tuont sî dir iht?' (V. 491), dies: 'sî lobetenz, tæt ich in niht' (V. 492). Was für ein leeres Wort ist das, wenn man es als das des Herrn ansieht! Was der Waldmann auch immer bedeuten mag, er ist nicht positiv dargestellt, sondern problematisch. Zwar spricht der Waldmann zu Kalogrenant: 'ichn

---

[16] De Jong faßt die Verse 885-889 so auf, daß Hartmann mit diesem Zusatz bezwecken würde, das gute Verhältnis zwischen dem König und seinen Rittern zum Ausdruck zu bringen ("Hartmann von Aue als Moralist in seinen Artusepen", Amsterdam 1964, S.73). Diese Auffassung erscheint aber fragwürdig, wenn man bei der Deutung jenen Redestreit zwischen der Königin und Keie im Auge hat.

[17] Angesichts der Funktion der I. und II. gastfreundlichen Burg kann auch jene schöne junge Dame der Burg eine ideal-sinnbildliche Funktion von 'güete' besitzen (s. Vv. 314-343, 5611-5620).

gehôrte bî mînen tagen selhes nie niht gesagen waz aventiure wære' (V. 547-549), aber diese Worte charakterisieren den Waldmann keineswegs eindeutig positiv, da dieser doch dem einfältigen Kalogrenant einen Weg zu Linken zeigt (V. 599): man hat genügend Gründe, daran zu zweifeln, ob der Waldmann positiv dargestllt ist, obwohl seine Meisterschaft über die Tiere im Text anzuerkennen ist.

Was für eine Funktion hat eigentlich der Waldman? Dieses Problem bleibt wohl noch offen, aber es scheint mir sicher zu sein, daß die Lebensbeziehung zwischen dem Waldmann und seinen Tieren weder als ideal-vorbildliche "MENSCH-TIER"-Beziehung noch als die im Werk positiv dargestellte "HERRE-GESINDE"-Beziehung zu betrachten ist, denn die Beziehung "der Waldmann – seine Tiere" unterscheidet sich von der Lebensbeziehung zwischen Iwein und seinem Löwen und von der "HERRE-GESINDE"-Beziehung der beiden gastfreundlichen Burgen. Vom Tierthema aus gesehen ist die Zutat (V. 7116-7124) noch zu beachten, weil darin die Barmherzigkeit für das Tier thematisch wird:

V. 7116-7124	heten si (Gawein und Iwein) do gevohten
	ze orse mitten swerten,
	des sî niene gerten,
	daz wære der arme orse tôt:
7120	von diu was in beiden nôt
	daz sî die dörperheit vermiten
	und daz sî ze vuoze striten.
	in heten diu ors niht getân:
	sî liezen an den lîp gân.

Man könnte wohl, mit Rücksicht auf die obigen Textbetrachtungen, meinen, daß die oben behandelten Erzählthemen im Anschluß an die folgenden Sprüche der Proverbia Salomonis problematisch motiviert sind:

Spr. 12, 10   Der Gerechte erbarmt sich seines Viehs;
              aber das Herz der Gottlosen ist unbarmherzig.

(Novit justus jumentorum suorum animas; viscera autem impiorum crudelia.)

Spr. 19, 18   Züchtige deinen Sohn, solange Hofnnung da ist;

>aber laß deine Seele nicht bewegt werden,
>ihn zu töten.

(Erudi filium tuum, ne desperes; ad interfectionem autem ejus ne ponas animam tuam.)

Spr. 22, 15   Torheit steckt dem Knaben im Herzen;
aber die Rute der Zucht wird sie
fern von ihm treiben.

(Stultitia colligata est in corde pueri, et virga disciplinæ fugabit eam.)

Spr. 29, 19   Ein Knecht läßt sich mit Worten
nicht züchtigen; denn ob er's gleich
versteht, nimmt er sich's doch nicht
an.

(Servus verbis non potest erudire, quia, quod dicis, intelligit, et respondere contemnit.)
(s. auch Spr. 10, 13; 13, 24; 23, 13; 29, 15)

Diese thematische Anlehnungsmöglichkeit ist, insofern die bereits aufgewiesene biblische Auslegungsmöglichkeit des Erzählinhaltes berücksichtigt wird, annehmbar (s. das II. Kapitel und den Abschnitt (a) des III. Kapitels).

Es ist genau zu beachten, daß der Dichter die Zutat V. 494-495 (s. S.81) oder V. 887-888 (s. ebd.) ins Werk einflicht, denn diese Verse machen im Mittelalter wichtige Erzählthemen der Beziehung "MENSCH – TIER" und der "HERRE (MEISTER) – KNEHT (GESINDE)" sichtbar[18], obwohl diese Themen, da sie

---

[18] Erkennt man, daß die Beziehung "HERRE (MEISTER) – KNEHT (GESINDE)" immanenterweise in sich diejenige "ARBEITGEBER – ARBEITNEHMER" enthält, dann ist das Thema der 'HERRE-KNEHT'-Beziehung eine im Mittelalter aktuelle, wichtige Bedeutung. Zieht man in dieser Perspektive jene Beziehung zwischen dem Herrn der Burg zum schlimmen Aventeuer und den 300 Frauen in Betracht, so liegen dieser Episode wohl etwa die folgenden, lehrhaften Gedanken unter:

Sir 34, 25   panis egentium vita pauperis est
qui defraudat illum homo sanguinis
26   qui aufert in sudore panem
quasi qui occidit proximum suum
27   qui effundit sanguinem et qui fraudem
facit mercedem mercennario

uns thematisch-uninteressant oder nicht wichtig zu sein scheinen, von vielen Interpreten oft ignoriert werden.

Angesichts der vorausgegangenen Textbetrachtungen ist zu erwägen, ob Hartmann, wie G.J. Lewis meint, durch die Waldmann-Episode jene 'tierähnliche Realität' im Kontrast zu der Darstellung des Artuskreises thematisiert. Ich sehe vielmehr, daß im Text gesellschaftlich, gegenseitig hilfsbereite Lebensbeziehungen von "MENSCH — TIER" und "HERRE (MEISTER) — KNEHT (GESINDE)" motiviert sind, und daß die Beschreibung der schrecklichen Waldmann-Episode nicht nur mit der des prächtigen Lebens des Artushofs, sondern auch mit der idealvorbildlichen Gestaltung der I. gastfreundlichen Burg kontrastiert

Im Hinblick auf die auf S. 78 zitierten Verse 5123-5126 ist daher anzunehmen, das Iweins Vertrauen zum Löwen thematisiert ist und daß der Löwe als Sinnträger eines treuen Dienenden (Minnenden) betrachtet werden kann.

+) Der Löwe wird **von Iwein** für ein Zeichen seines Namens gehalten.

V. 5167-5174
ouch hete mîn her Îwein
grôzen trôst zuo dem zwein,
daz got und ir unschulde
den gewalt niene dulde
daz im iht missegienge,
und daz in ouch vervienge
der lewe sîn geverte
daz er die maget ernerte.

Iwein vertraut vor dem Kampf für Lunete darauf, daß die Gotteshilfe und Lunetes Unschuld ihm zum Sieg verhelfen würden und der Löwe, sein Gefährte, ihm nützen werde, obwohl Iwein den Löwen nicht als 'hergeselle' (vgl. V. 6746) nimmt.

Der Dichter bringt Iweins Vertrauen zum Löwen wiederum zum Ausdruck, und nennt den Löwen 'sînen geverten'.

+) Der Löwe ist Iweins 'geverte'.

V. 5293-5296
der lewe vert mit mir alle zît:
ich vüere in durch deheinen strît,
ich entrîb in ouch von mir niht:
werent iuch, tuot er iu iht.

+) Diese Worte machen Iweins entschiedene Aufnahme des Löwen als seinen treuen Gefährten deutlich.

> V. 5303-5306
> sus muose der lewe hôher stân:
> dochn mohter des niht verlân
> ern sæhe über den rücke dan
> sîn herren wider an.

Der Dichter schildert die Zuneigung des Löwen zu Iwein ausdrücklich (vgl. Yvain, 4466ff.)[19] und bezeichnet Iwein als den **HERREN des Löwen**.

Beim Kampf gegen Truchsessen springt der Löwe Iwein zu Hilfe, aber Iwein bezeigt ihm dafür weder Dank noch Tadel:

> V. 5398-5404
> wand ezn mohte her Îwein
> den lewen niht vertrîben:
> dô liez erz ouch blîben.
> er hete sîner helfe wol enborn,
> und lie ez ouch an grôzen zorn
> daz er in sîne helfe spranc:
> ern sagtes im danc noch undanc.

Dies erklärt die mutige HERRE-Gestalt Iweins deutlich.
+) Der Dichter bezeichnet Iwein als den 'herren' des Löwen (s. V. 3883).

> V. 5410-5428
> unde ir ietweder sluoc
> dem lewen eine wunden.
> dô er hete empfunden,
> dô wart er ræzer vil dan ê.
> 5415 ouch tete dem hern Îwein wê
> daz er den lewen wunden sach
> daz bescheinender wol: wander brach
> sîn senfte gebærde,
> von des lewen beswærde
> 5420 gewan er zornes alsô vil
> daz er sî brâhte ûf daz zil
> daz sî gar verlurn ir kraft
> und gehabeten vor ihm zagehaft.
> Sus wârens überwunden
> iedoch mit vier wunden
> 5425 die sî im heten geslagen.

---

[19] s. S.75: Anmerkung 7

> dochn hôrt in dâ nieman clagen
> deheinen der im geschach,
> niuwan des lewen ungemach.

In dieser Kampfszene wird die Diensttätigkeit der Löwen mit Lebensgefahr und Iweins Zuneigung zum Löwen geschildert: Die enge Gemeinschaft und Selbstlosigkeit von beiden steht in Betonung. Iwein klagt um das Unglück des Löwen und nicht um das eigene (V. 5426-5428).
+) Die Steigerung der Intimität der 'Iwein-der Löwe'-Beziehung ist zu beachten.

| V. 5496-5497 | er sprach 'ich wil sîn erkant |
| | bî mînem lewen der mit mir vert. |

V. 5502-5506	ich heize der rîter mittem leun:
	und swer in vür dise tage
	iht von einem rîter sage
	des geverte ein lewe sî,
	dâ erkennet mich bî'.

Iweins Vetraulichkeit mit dem Löwen wird noch deutlicher, weil Iwein ihn als 'mînen lewen' (V. 5497) vorstellt: bisher nennt Iwein ihn 'den lewen' (V. 5239) oder 'einen Löwen' (V. 5125). Iwein bezeichnet sich selbst vor seiner Herrin Laudine als 'der rîter mittem leun' und den Löwen als 'geverte' (V. 5509).
+) Der Löwe wird von Iwein als 'mîn lewe' vorgestellt.

V. 5564-5577	nû was der lewe sô starke wunt
	daz er michel arbeit
	ûf dem wege mit im leit.
	dô er niht mêre mohte gân,
	dô uoser von dem orse stân,
	und las zesamne mit der hant
5570	mies und swaz er lindes vant:
	daz leiter allez under in
	in sînen schilt und huop in hin
	ûf daz ors vür sich.
	daz leben was gnuoc kumberlich.
5575	sus leit er arbeit genouc,
	unz daz in der wec truoc
	dâ er eine burc sach.

Der Löwe kann je nach dem Untersuchungsaspekt mehrdeutig interpretiert werden. Sieht man jedoch diese Szene der V. 5564-5577 z.B. unter der Annahme der Deutung "der Löwe = Symbol der Treue", dann ist nicht zu verkennen, daß die Szene unter solcher Deutung des Löwen schwer zu interpretieren ist. Wenn aber der Löwe seiner Verhaltensweise nach als Sinnträger eines 'lônen'-fähigen, beispielhaft treuen Dienenden betrachtet wird, besteht eine solche Interpretationsschwierigkeit nicht. Das Bild, daß Iwein in seinen Schild den verwundeten Löwen legt und reitet, hat wohl einen ernsthaften Sinn, da der 'schilt' bildlich die Bedeutung von 'Schutz' haben kann.

V. 6687-6691
    und als sî den grôzen leun
    mit sînen wîten keun
    bî sînen herren sâhen stân
    und mit sînen langen clân
    die erde kratzen vaste,

Diese Szene mit dem Löwen steht beim Kampf gegen zwei Riesen.
+) Der Dichter stellt Iwein weiter als 'sînen herren' (V. 6689) und den Löwen als ein gewaltiges Tier dar.

V. 6701-6705
    mîn lewe vert mit mir durch daz jâr:
    ich enheize in vür wâr
    niemer von mir gân
    und sihe in gerne bî mir stân
    ichn vüer in durch deheinen strît:

Iwein äußert ähnliches wie beim Gerichtskampf für Lunete, aber die Intimität zwischen Iwein und dem Löwen steigert sich noch weiter[20], da der Dichter berichtet: 'und sihe in **gerne** bî mir stân' (V. 6707). Der Löwe vergilt beim Kampf Iwein den Dienst, den 'sîn herre' einst für ihn geleistet hat (V. 6753-6755).
+) Der Dichter bezeichnet wieder Iwein als 'sînen herren' (V. 6753).

---

[20] Lewis verweist darauf, daß eine markante Steigerung durch das Possessivum erkennbar sei, das Iwein verwendet: 'mîn vert mit mir durch daz jâr' (V. 6701) ("Das Tier und seine dichterische Funktion in Erec, Iwein, Parzval und Tristan", S.79).

Vor dem Kampf mit Gawein läßt Iwein den Löwen unterwegs zurück, aber dieser rennt der Fährte seines Herrn nach. Beim Erscheinen des Löwen am Artushof fürchten alle Leute sich vor ihm. Iwein stellt ihnen den Löwen vor:

V. 7738-7739 ern tuot iu dehein ungemach:
er ist mîn vriunt und suochet mich.

+) Der Löwe wird offen am Artushof von Iwein 'mîn vriunt' genannt.

V. 7763-7768 sus lief ter lewe zuo im her:
sînen herren erzeicte er
vreude und vriuntschaft
mit aller der kraft
als ein stumbez tier dem man
vriuntschaft erzeigen kan.

Diese Szene des Wiedersehens scheint uns der Höhepunkt der Intimität in der Beziehung zwischen Iwein und dem Löwen zu sein. Iweins Löwe zeigt ihm 'vreude' und 'vriuntschaft'. Vergleicht man die Beziehung "Iwein – der Löwe" mit "der Waldmann – seine Tiere", so kontrastiert, wie erwähnt (s. S.80-83), jene mit dieser: der Iwein als HERRE des Löwen ist, vom Waldmann als HERRE deutlich unterschieden, dargestellt.

V. 7762 ich erkenne iuch bî dem lewen wol.

V. 7950 er was ir bî dem lewen erkant:

In diesen Versen sieht man wieder die Zeichenfunktion des Löwen für Iwein.

Im Hinblick auf die Darstellung ist noch zu berücksichtigen, daß der Löwe eine hervorragende Kampfesfähigkeit hat und in Iweins Notlage immer wieder diesem hilft, obwohl er vom Kampfplatz jedesmal entfernt wird.

Was für ein Sinnträger ist der Löwe? Stellt man sich diese Frage nach den vorausgegangenen Textbetrachtungen in Erwägung, dann ist sicherlich die Auffassung zu akzeptieren, daß der Löwe als Sinnträger eines 'lônen'-fähigen, beispielhaft treuen, tapferen Dienendes dargestllt ist. Fragt man weiter, als was dieser Dienende, der Thematisierung des Dichters nach, erfaßt werden kann, so könnte dieser als der 'kneht' oder der 'guote kneht' (Ritter) gedeutet werden, denn 1. der Löwe verhält sich, wie gesehen, im Verlauf der Erzählung als solcher, 2. der Dichter stellt uns Iwein immer wieder als 'herre' des Löwen vor (Vv. 3883, 5306, 6689, 7730, 7764); (das Wort 'herre' oder 'kneht' ist jedoch nicht bloß als die Standesbezeichnung, sondern auch als eine Wert- und Bescheidenheitsbezeichnung zu verstehen, weil Iwein z.B. sich selbst seinem Freund Gawein als 'iuwern gewissen dienestmann' (V. 7477) oder 'iuwern kneht' (V. 7531) hinstellt), 3. die Deutung "der Löwe = der 'kneht' oder der 'guote kneht'" steht mit der didaktischen Vorstellung des Werks in thematischem Einklang, wenn die Hartmannsche Erzählmotivation der 'HERRE (MEISTER)-KNEHT (GESINDE)'-Beziehung im Auge behalten und die angegebene biblische Anspielungsmöglichkeit anerkannt wird (s. S.78-84).

Allein der Dichter schildert den Löwen nicht nur als solchen, sondern auch als ein Tier, obwohl er nicht als ein solches Tier dargestellt ist, wie Kalogrenant es vorstellt: 'sî (Tiere) sint wilde, sine erkennet man noch sîn gebot' (V. 500f.); der Löwe hat ja die 'tugent' und 'sîn' (V. 3914).

G.J. Lewis nimmt dies (V. 3914) wörtlich und interpretiert den Löwen als 'ein echtes Tier', das 'das Kreatürliche' repräsentieren würde[21]; da Lewis das Werk bloß vom Tierthema aus sieht, übersieht er die im I. Kapitel erläuterte Deutungsmöglichkeit der Löwen-Drachen-Kampfepisode und ignoriert textnahe, Hartmannsche religiös-sittliche Erzählkonzeption; Lewis interpretiert die 'Löwen — Ritter (Iwein)'-Aventiure unter einer Eriugenaschen Wert-Vorstellung, aber es ist kaum festzustellen, daß Hartmann einen solchen Tier- und Wert-Gedanken im "Iwein" thematisiert. Lewis betont Iweins HELL-HÖRIG-GEWORDEN-SEIN und 'eine untrennbare innere Einheit' zwischen dem Löwen und Iwein, aber diese Ansicht ist schwer akzeptabel, falls man die religiös-sittlichen Erzählthemen des "Iwein" nach der Darstellungtendenz des Dichters in Erwägung stellt (z.B. Kontrast als 'herre' zwischen dem Wald-

---

[21] G.J. Lewis: a.a.O., S.85

mann und dem König Artus oder Barmherzigkeit für das Pferd).

Hartmanns Darstellung des Löwen als Tier fasse ich daher im Vergleich zu jener Waldmann-Episode so auf, daß der Dichter durch die Löwen-Ritter-Aventiure eine zuverlässige freundliche 'HERRE-KNEHT'-Beziehung und eine in religiös-sittlichem Sinne empfehlenswerte 'MENSCH-TIER'-Beziehung thematisiert.

Welche Auffassung klärt das eigentliche Thema des Werks? Dies bleibt noch offen, insofern man den Löwen ohne 'Horizont'-Verständnis[22] sieht, weil der Löwe jeder Textstelle gemäß von verschiedenen Blickwinkeln aus mehrschichtig und mehrdeutig interpretiert werden kann. Hartmanns thematisch-kompositorische Anordnung des Erzählinhaltes ist daher noch genauer zu beachten. Zieht man z.B. V. 5581-5583 (s. S.77-78) in Betracht, so ist, wie erwähnt, anzunehmen, daß diese Zutat in thematischer Hinsicht auf die Episode vom wie ein Schaf sich benehmenden Löwen (V. 4811-4817) sich bezieht und daß diesen beiden Textstellen ein ge-

---

[22] s. "Prinzipien der Interpretation", v. E.D. Hirsch u. ü. v. A.A. Späth, Stuttgart 1972, S.274-276. Die Interpreten suchen immer noch diesen Horizont. Diese Forschungslage verdeutlicht z.B. die folgenden Worte Wehrlis: "wir müssen sogar auch die Freiheit haben, über das Bewußtsein des Dichters hinwegzuinterpretieren, denn es ist sehr wohl möglich, daß sein Fabulieren einer Phantasielogik folgt, unterschwelligen Gesetzen gehorcht und eine elementare Symbolik verwendet, die rational kaum aufzuschlüsseln ist" ("Iweins Erwachen", in: Hartmann von Aue", hg. Hugo Kuhn und Chr. Cormeau, Darmstadt 1973, S.505). Wehrli nimmt die Erzählvorgänge als die Projektion innerer Vorgänge des Protagonisten an, erfaßt den Löwen als das Alter ego des Iwein und behauptet, daß eine solche Auffassung, wenn man dadurch auch in ein Ungefähr oder ein Sowohl-als-Auch gerate, sachgemäßer sei als die Scheingenauigkeit, mit der ein einzelnes Motiv auf eine literarische Quelle oder ein systematisches Lehrgebäude zurückgeführt werden könne (ebd.). Mir scheint trotz dieser kühnen Äußerung Wehrlis wichtig zu sein, daß man möglichst textnah die Wahrscheinlichkeit und Scheingenauigkeit der Deutung verantwortlich erklärt, denn sonst wir wohl **können fabulieren**, aber es bleibt dunkel, ob und warum solch eine gedankenreiche Interpretation sachgemäßer sein kann als eine andere.

wisser Lehrhaften Gedanke unterlegt ist, wie etwa Sir. 10, 2 oder 13, 19-20 (s. S.78). Obwohl dies relativ deutlich aus dem Text ablesbar ist, ignorieren die Interpreten dies unbekümmert und weisen darauf hin, daß der Löwe im christlich-analogischen Sinne als Symbol Christi[23] oder im Hinblick auf einen Spruch Walthers von der Vogelweide (Lachmann, Nr. 81, 7) als Seelenmacht[24] aufgefaßt werden kann. Eine solche Sichtweise scheint mir aber allzu einseitig und deduktiv zu sein. Es ist wohl von größter Wichtigkeit für das Verständnis des "Iwein", textnahe lehrhafte Erzählkonzeption des Dichters noch präziser aufzufassen.

In jener Szene mit Iweins Heilung steht z.B. dies: 'mit ter vil edelen salben bestreich si in allenthalben über houpt und über vüeze' (V. 3475-3477). Hinsichtlich dieser Episode weist man oft darauf hin, daß Iweins Heilung im Anschluß an die Salbung Christi in Bethanien der Bibel (Matth. 26, 6-13; Marc. 14, 3-9; Joh. 12, 1-8) dargestellt ist oder daß diese biblische Anspielung eine vorausdeutende Funktion im Hinblick auf den künftigen Lebensweg Iweins als Erlöser und Helfer hat[25]. Zwar ist diese Textdeutung plausibel, aber man übersieht dabei, daß die Episode an sich ein in moralisch-sittlichen Sinne ein bedenkliches Erzählthema zeigt, da die 'juncvrouwe' (V. 3437) das kostbare Heilmittel verschleudert, obwohl ihre Absicht nicht boshaft ist: 'sô gerne sach sî in genesen' (V. 3486). Wird weiter in gleicher Hinsicht die Episode vom Königinraub erwogen, dann ist auch deutlich, daß die Episode an sich schon einen lehrhafen Sinngehalt besitzt, weil Artus' Verhalten und die Beziehung zwischen diesem und dessen Rittern (außer Gawein) eindeutig lehrhaft problematisch thematisiert sind: König Artus spricht 'wie bin ich überkomen! die disen rât tâten, die hânt mich verrâten' (V. 4590-4592).

Solche scheinbar irrelevanten Erzählmotivationen sind noch sorgfältig zu beachten, weil man dadurch Hartmanns

---

[23] "'Der Aveniure Meine' in Hartmann's Iwein", v. A.T. Hatto, 97-98
[24] s. "Epische Strukturen in der Dichtung Hartmanns von Aue", v. H. Linke, S.146.
[25] s. "Vom Sinn des ritterlichen Abenteuers bei Hartmann von Aue", v. A. Meng, S.60.

moralisch-sittliche Thematik des "Iwein" genauer auffassen und die Gefahr einer Über- und Fehlinterpretation behutsam sehen kann.

Den Löwen, der den wandernden und für die Gerechtigkeit kämpfenden Iwein begleitet, kann man auch als Bedeutungsträger von 'justitia' deuten. Der Löwe **kann** mittelaltergemäß, unter bestimmten Bedeutungsbeschränkungen **widerspruchsfrei**, mehrschichtig und mehrdeutig interpretiert werden. Aber es ist noch zu erwägen, ob und inwieweit unter solchen Deutungen Hartmanns Sinngebung zur Darstellung des Löwen deutlich wird.

Ich habe oben im Hinblick auf dieses Problem der Forschung mit Hilfe der Bibel einen Deutungsversuch des Löwen unternommen, und zwar gemäß Hartmanns Darlegung der moralisch-sittlichen Erzählthemen.

(c) Über Gawein, Artus und die Artusgesellschaft

Die Löwen-Drachen-Kampfepisode, das Schuldproblem der handelnden Personen von Iwein, Kalogrenant und Askalon, Iweins Aventiurenweg und die Darstellung des Löwen, wurden oben gemäß Hartmanns Dartstellung des religiös-sittlichen Erzählinhaltes betrachtet und mit Hilfe der "Proverbia Salomonis" und des "Ecclesiasticus" in thematischer Hinsicht gedeutet. Ich möchte zum Schluß in gleicher Weise auch über Hartmanns Darstellung des Gawein, des König Artus und der Artusgesellschaft einige Interpretationsmöglichkeiten vorlegen, weil dadurch die Hartmannsche Erzählkonzeption des "Iwein" viel klarer und sinnvoller als zuvor aufgefaßt werden kann.

1. Über Gawein

"Wenn Gawein bei Chrétien an Iwein herantritt, um ihn vor den Bindungen der Minne zu warnen und ihn zu weiteren ritterlichen Taten zu ermuntern, so tut er dies ausdrücklich im Namen der Gesellschaft, d.h. er ist das Sprachrohr der Artusgemeinschaft. Hartmanns Gawein geht privat vor und spricht als Freund, nicht als Artusritter: das aber verunklärt die Bedeutung seiner Mahnrede. Zum Überfluß hat Hartmann an die eigentliche Warnung Gaweins noch das Bild eines verbauerten Landjunkers angefügt: für sich genommen hübsch, aber es verlagert die ernste Mahnung ins Groteske und damit ins Unverbindliche. Hartmann denkt hier an seine Zuhörer, nicht an eine wirkliche Gefahr, der sich Iwein als Ehemann aussetzt"[1]: So interpretiert Kurt Ruh Hartmanns Bericht über Gaweins Warnungsrede (V. 2770ff.): da Ruh Hartmanns Bericht bloß unter der 'minne'-problematischen und artusdichtungsgeschichtlichen Untersuchungsperspektive betrachtet, fragt Ruh sich auch, ob Hartmann Chrestiens Bericht nachlässig überträgt oder mit der Absicht, den Artushof auf Kosten Gaweins aus einer Mitschuld an dem Terminversäumnis

---

[1] K. Ruh: "Zur Interpretation von Hartmanns 'Iwein'", in: "Hartmann von Aue", hg. von Hugo Kuhn und Christoph Cormeau, Darmstadt 1973, S.422.

Iweins zu entlasten. Ruh berücksichtigt nicht, daß Hartmann z.B. die folgende Zutat, die auf den Spruch 18, 24 der Proverbia Salomonis anspielten kann, ins Werk einflicht:

V. 2702-2708 als ouch die wîsen wollen
ezn habe deheiniu grœzer kraft
danne unsipiu geselleschaft,
2705 gerâte sî ze guote;
und sint sî in ir muote
getriuwe under beiden,
sô sich gebruoder scheiden.

und übersieht Hartmanns religiös-sittliche Erzählkonzeption, die auf S.35-41 des II. Kapitels erwähnt ist; dies geschieht aber daher, daß die Iwein-Forschung hauptsächlich in dichtungschronologischer und sozialisationsprogrammatischer Hinsicht folgendes als Forschungsfrage hinstellt: ob Hartmann im "Iwein" den **ARTUSHOF** positiv darstellt oder negativ?

Fragt man jedoch, was an der Stelle mit Gaweins Warnungsrede in religiös-sittlicher Hinsicht thematisch wird, und wie Hartmann im "Iwein" die Gottesgerechtigkeit, Handlungsabsicht und Handlungsfolge motiviert (s. S.49, 55-57), dann ist relativ leicht aus dem Text ablesbar, daß Gawein, der beste Freund, im Anschluß an das Thema 'Justitia Dei' in der 'mære'— Wirklichkeit thematisch problematisierend dargestellt ist. Dies übersieht sowohl Kurt Ruh als auch Peter Wapnewski, der Gaweins Warnungsrede als 'listig' hält[2].

Die Interpreten, die Gawein kritisch sehen, weisen oft darauf hin, daß Hartmann berichtet: 'her Gawein sîn geselle der wart sîn ungevelle' (V. 3029-3030) oder 'daz mîn her Gawein in mit guoter handelunge behabte unde betwunge daz er der jârzal vergaz und sîn gelübede versaz' (V. 3052-3056), aber dies erklärt wohl nicht, daß Gawein es mit böser Absicht tut, denn der Dichter berichtet auch:

V. 3047-3042 her Gâwein was der höflichste man
der rîters namen ie gewan:
entgalt er sîn, **daz was im leit**;

---

[2] Peter Wapnewski: "Hartmann von Aue", Stuttgart 1962, S.66

>V. 3047-3049
>**wan er alle sîn arbeit**
>**im ze dienste kêrte,**
>**wier im sînen prîs gemêrte.**
>da vürdert er in in allen wîs
>und alsô gar daz im der prîs
>aller oftes beleip;

Werden diese Berichte im Hinblick auf Hartmanns religiös-sittliche Erzählmotivation erwogen, so ist deutlich, daß Gawein nicht als Ritter, der ohne Rücksicht auf Gut und Böse dem anderen die Ehre abjagt (V. 2577f.), sondern der beste Freund des Iwein dargestellt ist (s. Vv. 2509ff., 2709ff.), obwohl Gawein oft als "Artusritter" allzu einseitig negativ interpretiert wird.

Zwar verpaßt der naive Iwein wegen Gaweins 'guoter handelungen' den Termin, zu Laudine zurückzukehren, aber es ist zu beachten, daß Iwein kein Knabe ist, sondern ein junger Ritter, der allein ein Land erobern kann (V. 3527f.). Iwein gesteht sogar: 'do beleip ich langer âne nôt (V. 3537) oder 'jane wære diu selbe schuld zer werlte inemans wan dîn (V. 3966f.). Obwohl Gaweins Aufforderung an Iwein zum Turnier als übertrieben anzusehen ist, bestärkt Hartmann doch durch das Beispiel des Erec und eines Krautjunkers Gaweins Ansicht über die 'rîterschaft'. Man kann zwar Gawein als einen Ritter, der auf die 'rîterschaft' allzu großen Wert legt, auffassen, aber dies erklärt nicht, daß Gawein ein Ritter wäre, der nur Pferde und Waffen im Kopf haben würde (s. Gaweins religiös-sittliche Ansichten: Vv. 2770-2778, 7628). Das Mittelalter hat ja wohl mehr final als kausal gedacht, aber man darf nicht übersehen, wie Hartmann im "Iwein" über einen solchen Gedanken reflektierte (s. V. 6657-6671) und warum jenes WINKEN-Motiv (s. S.56) im Text steht. Weder wie den Riesen Harpin boshaft negativ noch wie den Löwen eindeutig positiv beschreibt der Dichter den Gawein. In welchem Sinne und inwieweit muß Gaweins Schuld gedeutet werden? Dies ist textnah noch präzis in Betracht zu ziehen. Was für eine lehrhafte Erzählkonzeption entwirft der Dichter durch die Darstellung des Gawein? Dies ist zu untersuchen.

Wird weiter jene Aussage Gaweins zur jüngeren Tochter des Grafen vom schwarzen Dorn betrachtet:

V. 5706-5714 ...'vrouwe, ich enmac
iu ze staten nicht gestân,
wand ich grôz unmuoze hân
von anderen dingen
5710 diu moz ich volbringen.
wæret ir mir ê komen
ê ich mich hete an genomen
ander hande arbeit,
iu wær mîn helfe gereit.'

so könnte man wohl sagen, daß Gaweins Hilfsversprechung für die ältere Tochter leichtsinnig ist. Vergleicht man jedoch diese Handlungsweise Gaweins mit jenem 'zwîvel'-Zustand Iweins, der an der Stelle vor dem Kampf mit Harpin steht (V. 4869-4914), dann kann Gaweins Handlung als ein Entscheidungsverfahren der moralischen Tätigkeit genommen werden. Es ist zu beachten, daß die ältere Tochter selbst, um Hilfe zu bitten, zu Gawein kommt und nicht jenes 'kint'. Gawein ist außerdem ein Ritter, der immer für die Damen zum Dienst bereit ist: 'der noch ie tete des alle vrouwen ruochten die sînen dienest suochten' (V. 4276-4278). Was also kritisch zu sehen ist, ist wohl Gaweins blinde Hilfsbereitschaft, denn Gawein kämpft als ein unbekannter Ritter: man kann darin Gaweins Zweifel an der Gerechtigkeit der älteren Tochter des Grafen vom Schwarzen Dorn sehen; das blinde Streben nach der 'rîterschaft' und der 'êre' der Artusgesellschaft ist hierzu anzurechnen, obwohl daraus nicht folgt, daß die Personen des Artuskreises keinen ethischen 'êre'-Begriff haben würden, weil eine solche Überdeutung z.B. Hartmanns positive Darstellung des Gawein im Werkganzen unbegreiflich macht. Zwar kämpft Gawein als ein unbekannter Ritter, aber das bedeutet nicht, daß Gawein, das Unrecht der älteren Tochter des Grafen vom Schwarzen Dorn genau kennend, ihr Kämpfer wird, sondern bedeutet es wohl eher, daß er daran zweifelt, ob sie recht hat, denn, anders ist, Gaweins Kampf als unbekannter Ritter kaum zu verstehen. Das ist noch unbegreiflicher, wenn man annimmt, daß die Leute des Artuskreises ohne Rücksicht auf Gut und Böse leben würden.

Nach dem Kampf mit Harpin äußert Iwein folgendes:

V. 5107-5112 mînen hern Gâwein minn ich:
ich weiz wol, alsô tuot er mich:
ist unser minne âne kraft,
5110 sone wart nie guot gesellschaft.
den ernest sol ich im niuwen
swâ ich mac entriuwen.

Auch an einer späteren Stelle des Textes spricht Iwein zu Gawein:

V. 7528-7538 her Gâwein, lieber herre mîn,
waz mac ich sprechen mêre
wan daz ich iuch êre
als iuwer rîter und iuwer kneht?
7532 daz ist mîn wille und mîn reht.
**ir hânt mich ofte gêret
und ze guote gekêret**
7535 **mîn dinc sô volleclîchen
daz man mir in den rîchen
mêre guotes hât gejehen
danne ez âne iuch wære geschehen.**

Der Dichter berichtet ferner:

V. 6949-6959 daz diu werlt nie gewan
zwêne strîtiger man
nâch werltlîchem lône.
6952 des truogens ouch die krône
rîterlîcher êren,
die ietweder wolde mêren
6955 mit dem andern an dem tage,
**daz ich ez gote tiure clage
daz die besten gesellen**
ein ander kempfen wellen
die iender lebeten bî der zît.

Solche Erzählinhalte verdeutlichen, daß im "Iwein" ein zuverlässiges, freundliches, menschliches Verhältnis als ein wichtiges Thema motiviert ist und daß Gawein in bezug auf dieses Thema vor allem als der beste Freund des Iwein dargestellt ist, obwohl Gawein andererseits als ein Artusritter, der riskant nach 'werltlîchem lône' strebt, zu nehmen ist. Hartman fügt zur Kampfszene zwischen Iwein und Gawein folgendes hinzu:

V. 7116-7124	heten si (Gawein und Iwein) do gevohten
	ze orse mitten swerten,
	des sî niene gerten,
	daz wære der armen orse tôt:
7120	von diu was in beiden nôt
	daz sî die dörperheit vermiten
	und daz sî ze vuoze striten.
	in heten diu ors niht getân:
	sî liezenz an den lîp gân.

Gawein hat also, genauso wie Iwein, Barmherzigkeit für das Tier. Dieser Artusritter äußert außerdem zum unbekannten Ritter (Iwein):

V. 7459-7461	Mîn herze ist leides überladen,
	daz ich ûf iuweren schaden
	immer sol gedenken.
7465-7469	ich wolde daz ez wære alsô
	daz dise juncvrouwen zwô
	heten swaz sî dûhte guot,
	und daz wir dienesthaften muot
	under ein ander müesen tragen.

Diese Worte Gaweins machen unverkennbar, daß Gawein keineswegs mit boshafter Absicht zum Kämpfer für die ältere Tochter des Grafen vom Schwarzen Dorn wird, sondern mit dem 'rîterlîchen muot' im Dienst der Dame steht, wenn Gaweins Hilfsaktion für die ältere Tochter auch im moralisch-sittlicher Sicht kritisch zu interpretieren ist.

Wird weiter der folgende Dialog zwischen Iwein und Gawein in Betracht bezogen:

V. 7557-7566	her Gâwein, doch enmöhtent ir
	niht baz gerochen sîn an mir:
	wand sî (hant) hât mich gunêret
7560	und iuwern prîs gemêret.
	sî hât sich selben sô erwert
	daz iu der sige ist beschert.
7563	**ich sicher in iuwer gebot**:
	wan daz weiz unser herre got

	daz ich sigelôs bin.
	ich scheide iuwer gevangen hin.
V. 7568-7578	Herre und lieber geselle, nein,
	daz sich dehein mîn êre
	mit iuwern laster mêre!
7571	des prîses hân ich (Gawein) gerne rât,
	des mîn vriunt laster hât.
	waz töhte ob ich mich selben trüge?
	swaz êren ich mich ane züge,
7575	sô hânt sî alle wol gesehen
	waz under uns ist geschehen.
	ich sicher unde ergibe mich:
	der sigelôse der bin ich.

dann ist es kaum möglich, Gawein als einen wie Keie negativ typisierten Artusritter zu nehmen, wenn Iweins Worte auch in Gawein eine entschlossene Selbsteinwilligung zur Niederlage hervorrufen (s. V. 7459-7461).

Stellt man Iweins Worte 'ich sicher in iuwer gebot' (V. 7563) in Erwägung, so taucht die Frage auf, ob solch eine Aussage Iweins gerechtfertigt ist, da Iwein um des Rechts willen für die jüngere Tochter des Grafen vom Schwarzen Dorn kämpft. Iwein scheint uns töricht zu sein. Betrachtet man jedoch im Hinblick auf Iweins innere Wandlung diese Worte, so kann man darin seine pur-empfindsame, emotional treue (Gawein gegenüber) Willensentscheidung erkennen, weil Iwein sagt: 'her Gawein, lieber herre mîn, waz mac ich sprechen mêre wan daz ich iuch êre als iuwer rîter und iuwer kneht? daz ist mîn wille und mîn reht' (V. 7528-7532). Wird diese 'wille'-Äußerung Iweins mit dessen 'zwîvel'-Zustand vor dem Kampf mit Harpin verglichen (V. 4869-4914), dann kontrastiert Iweins 'wille', der Entscheidungssituation nach gesehen, mit dem 'zwîvel'-Zustand. An Iweins 'wille' kann man daher seinen aktiven Lebensmut sehen, womit Iwein die 'triuwe' (gegenüber den 'gesellen') sich emotional zu eigen macht und beweist. Gawein, sein bester Freund, spricht auch zum König Artus: 'ich iuwer neve Gâwein hân gestriten wider in **dem ich dienesthafter bin** danne in der werlte ieman' (V. 7610-7613). In diesem Gesichtspunkt darf man nicht das Wort Iweins, 'ich sicher in iuwer gobot' (V. 7563), einfach als bloß törichte Aussage betrachten, weil der Dichter im Zusammenhang mit der

Lebensnorm von 'gedienen' und 'lônen' eine zuverlässig freundliche, gesellschaftliche Beziehung zu einem wichtigen Thema des Werks macht. Iwein kämpft mit ganzer Kraft gegen den unbekannten Ritter (Gawein) um des Rechts willen und erfährt, daß dieser sein Freund ist, dem der Iwein 'dienesthaft' ist, also verzichtet Iwein darauf, mit dem Freund zu kämpfen. Diese Wandlung ist verständlich, wenn man berücksichtigt, wie der Dichter im Werk den Protagonisten Iwein darstellt (s. S.49-54): Iwein wird zu einem 'guoten kneht', der bedachtsam, gerecht, barmherzig und 'gedienen'- und 'lônen'-fähig ist, aber er besitzt dennoch den ganzen Verlauf des Epos hindurch einen empfindsam-emotionalen Charakter (s. V. 7808ff.). Wird dieser Charakter des Iwein ignoriert und Iweins Entwicklung zum **vollkommenen** Ritter vorausgesetzt, so entsteht etwa die Interpretation, daß Iwein, um Gawein den gerechten Weg zu zeigen, jene Worte (V. 7524-7566), schon vorher Gaweins Reaktion darauf berechnend, zu Gawein spräche[3]. Mir scheint dies jedoch schwer akzeptabel zu sein, denn 1. ist es fraglich, ob Iwein, Hartmanns Beschreibung des Iwein nach gesehen, zu einem solchen Menschen wird, der die Sprachwirkung auf die anderen genau berechnen kann. 2. solch eine Deutung macht Iweins Worte, 'ich sicher in iuwer gebot' (V. 7563), unwahr (Gawein gegenüber) und verdirbt den obigen rührenden Dialog zwischen Iwein und Gawein (V. 7557-7578), 3. die weiteren Erzählinhalte (z.B. von jenem 'vrîntlîchen strît': V. 7590-7592) stehen mit einer solchen Deutung nicht in Übereinstimmung. Annehmbar ist also wohl, daß Iweins pur-empfindsamen, emotional treuen, entschlossenen Worte in Gawein die Selbsteinwilligung zur Niederlage hervorrufen.

Ein Rückblick auf die vorausgegangene Textbetrachtung zeigt folgendes Ergebnis: Gawein ist weder wie der Riese Har-

---

[3] "Iwein's willingness and ability to meet Gawein on his own terms produces a situation in which Artus is able and willing to execute justice": so sieht es Hugh Sacker ("An Interpretation of Hartmann's Iwein", Germ. Rev. 36, 1961, S.22). Aber Sacker berücksichtig kaum Hartmanns religiös-sittliche Konzeption und übersieht, wie Hartmann seinen Iwein darstellt; er interpretiert daher z.B. jenes Motiv mit Iweins Selbstmord vor der Geliebten als ein 'blind motif' (ebd. S.17).

pin boshaft negativ noch wie der Löwe eindeutig positiv dargestellt, sondern als der beste Freund des Iwein (dies wird an der Episode der Harpin-Aventiure noch deutlicher), obwohl Gawein andererseits im Zusammenhang mit dem programmatischen, didaktischen Thema von 'REHTE GÜETE' als ein auf die 'rîterlîche êre' großen Wert legender Artusritter problematisch exemplifiziert ist.

Im "Ecclesiasticus" steht folgendes:

Sir. 6, 16		amicus fidelis medicamentum vitae et inmoratlitatis et qui metuunt Dominum inveniunt illum
	17	qui timet Deum aeque habebit amicitiam bonam quoniam secundum illum erit amicus illus
22, 26		ad amicum et si produxeris gladium non desperes est enim regressus ad amicum
	27	si aperuerit os triste non timeas est enim concordatio excepto convicio et inproperio et superbia et mysterii revelatione et plaga dolosa in his omnibus effugiet amicus
	28	fidem posside cum proximo in paupertate illius ut et in bonis illius laeteris
	29	in tempore tribulationis illius permane illi fidelis ut et in hereditate illius coheres sis

Ein solcher Gedanke kann in thematischer Hinsicht dem Werk "Iwein" zugrunde liegen.

Ob Hartmann den Gawein als einen ohne Rücksicht auf Gut und Böse nach 'werltlîchem lône' strebenden Artusritter typisiert oder seine unbesonnene, voreilige Handlung hinsichtlich der religiös-sittlichen Thematik exemplifiziert: dies

ist noch zu erwägen, wenn die handelnden Personen des E-
pos auch als Typ dargestellt sind.

2. Über den König Artus (die Artusgesellschaft)

H. Sparnaay äußert in seinem Studium "Hartmann von Aue":
"Artus ist von vornherein der guote (V. 5) und auch die Königin ist guot (V. 230). Zu solchen vollkommenen Idealgestalten
sollen Iwein und Laudine aber erst erzogen werden"[4]. Wie ist
es aber möglich, den König Artus als eine vollkommene ideal-
gestaltete Figur zu nehmen? In welcher Textstelle ist der König Artus vorbildlich dargestellt? Sucht man nach einer solchen Stelle im Geschehen der Handlung, so findet man keine.
Der König Artus wird daher im Hinblick auf die Aventiuren-
Leistung des Löwenritters heftig kritisiert. "Der Artushof ist
im Gegensatz zu den allgemeinen Lobpreisungen seines Glan-
zes und Ruhmes (v. 31ff.) keineswegs ideal geschildert. Die
von Keie provozierten Streitigkeiten vor Beginn und nach
Schluß der Kalogreant-Erzählung kontrastieren deutlich mit
dem paradiesischen Frieden der drei Stationen in Kalogrenants Brunnenabenteuer. Auch das schimpfliche Ende der
aventiure-Fahrt Kalogreants widerspricht den klischeehaften
Erwartungen, die mit der Erwähnung des Artushofes zu Beginn des Werkes geweckt sein konnten. Verfolgt man aus dieser Sicht die spätere Rolle dieser Ritterrunde im **Iwein**, dann
zeigt sich, daß die in der Vorgeschichte offen und latent auf-
klingende Kritik an dieser Institution das ganze Werk durch-
zieht. Während z.B. Artus und seine Ritter sofort zum Brunnenabenteuer bereit sind, zeichnet sich der Artushof, wenn
sein Beistand geboten wäre, nicht gerade durch Einsatzbe-
reitschaft aus: Hilfesuchende ziehen unverrichteter Dinge
wieder ab, wenn Gawein nicht zur Stelle ist, z.B. Lunete oder
Gaweins Schwager. Diese Momente sind zwar in der Fabel
vorgegeben, aber Hartmann verstärkt ihre kritische Seite in
kennzeichnender Weise, besonders deutlich durch die Erzählung vom Königinraub"[5]: so sieht es z.B. Günther Schweikle.

---

[4] H. Sparnaay: "Hartmann von Aue", II. Band, Darmstadt 1975, S.48
[5] Günther Schweikle: "Zum Iwein Hartmanns von Aue", Festschrift für Käthe Hamburger, Stuttgart 1971, S.10

Sparnaays Äußerung ist fragwürdig, wenn man Hartmanns Beschreibung des Königs Artus in der Episode vom Königinraub betrachtet. Obwohl Sparnaay darauf hinweist, daß Hartmann es als seine Aufgabe betrachte, die Handlung des Romans im Sinne der scholastischen Tugendlehre zu erörtern, und daß die Kardinaltugend der **temperantia** ihm dabei Richtschnur und Ziel sei[6], so ist die Gestalt des Königs Artus jedoch weder im Hinblick auf die scholastische Tugendlehre noch der Kardinaltugend gemäß als die ideal-vorbildliche zu sehen. Es scheint mir nötig zu erwägen, in welcher Betrachtungsweise der König Artus positiv oder negativ einzuschätzen ist, weil Artus im "Iwein", ebenso wie Gawein, weder wie der Riese Harpin boshaft negativ noch wie der Löwe eindeutig positiv dargestellt ist. Schweikles Betrachtung ist in dieser Sicht wohl zum Teil richtig, wenngleich man noch erwägen muß, worauf Hartmanns Darlegung der Episode vom Königinraub abzielt; denn das bei Chrestien eindeutig negativ motivierte Bild Artus ist bei Hartmann in milderer Weise beschrieben (s. Vv. 83ff., 880-888, 898-903, 2532-2535, 3239-3244, 5755-5757)[7]. Wie der König Artus im "Iwein" dargestellt ist: dies ist daher noch genauer zu betrachten.

---

[6] H. Sparnaay: a.a.O., ebd.

[7] Ein Beispiel hierfür ist Hartmanns Darstellung des Mittagsschlafs des Königs Artus; Chrestien schilder den König eindeutig negativ (vgl. Iw. V. 83f. mit Chrest, v. 42ff.). Sieht man diese Beschreibung des Königs von Chrestien im Zusammenhang mit jener Szene mit dem panischen Ausreißen der arthurischen Leute beim Erscheinen des Löwen am Artushof (Chrest. v. 6455-6468), dann wird annehmbar, daß Chrestiens Bericht an die folgenden Sprüche der Proverbia Salomonis Anschluß hat:

Prov 26, 13   dicit piger leaena in via leo in itineribus
     14   sicut ostium vertitur in cardine suo ita piger in
                    lectulo suo
     28, 1   fugit impius nemine persequente iustus autem
           quasi leo confidens absque terrore erit

Mir erscheint, daß Hartmann diese Konzeption bei Chrestien genau erkannt hat, weil Hartmann hinzufügt: 'mê durch geselleschaft geleit **dan durch deheine trâkheit**' (V. 83-84). H. Sacker ignoriert eine solche biblische Erzählkonzeptionsmöglichkeit (s. "An Interpretation of Hartmann's Iwein", S.22). Er schreibt daher: "The stupidity and te-

Schweikle erläutert, daß die Episode des Königinraubs Hartmanns Kritik an der Artusgesellschaft deutlich macht, indem Schweikle im Vergleich zu den Aventiuren-Leistungen des Löwenritters diejenigen der Artusritterrunde kritisch betrachtet und meint, daß die Artusgesellschaft deshalb zu kritisieren wäre, weil Lunete und Gaweins Schwager hilflos vom Artushof abziehen. Wird jedoch die Erzähltatsache berücksichtigt, daß die Artusgesellschaft gerade dabei in einer Notlage ist (V. 4526f.): 'der hof enwart vor des noch sît sô harte nie beswæret' (V, 4620f.), so ist Schweikles Ansicht wohl fragwürdig, weil diese Episode keineswegs verdeutlicht, daß der Artushof anderen seine Hilfe stets verweigern würde, denn z.B. Iwein äußert: 'wie habt ir daz verlân irn suochtet helfe unde rât da er iu ze suochen stât, in des künec Artûses lande? ir hebet dise schande âne nôt sô lange erliten. ir soldet dar sîn geriten (V. 4510-4516). Auch die jüngere Tochter des Grafen vom Schwarzen Dorn spricht: 'ich suoche den künec Artus und vinde ouch kempfen dâ ze hûs' (V. 5659f.). Daß der Artushof über die Grenzen des eigenen Reiches hinaus bekannt, anerkannt und geschätzt ist, ist auch Laudines Ehrerweisung und Bewirtung für den König Artus deutlich (V. 2663-2676). Übrigens ist die gesellschaftliche Funktion des Artushofes als Rechtsinstanz nicht zu übersehen (V. 5742-5745).

Zwar hat die Darstellung der Artusgesellschaft die Wirkung, die Aventiuren-Leistungen des Löwenritters deutlicher herauszuheben, aber es scheint mir bedenklich zu sein, daß man daraus auf Hartmanns Kritik an der Artusgesellschaft als einer Institution 'betont' schließt, da Hartmanns didaktische Absicht nicht so eindeutig festzulegen ist.

Wird die Episode vom Königinraub in Betracht gezogen, so ist textnah folgendes Erzählthema zu erkennen: 1. Artus' menschliche Schwäche und mangelhafte Herrscherfähigkeit; 2. das fragwürdige gesellschaftliche Verhältnis zwischen dem

---

diousness of this pointless and inconclusive duel between friends is expressed appropriately in the longwinded conceits, combining perfection of form with fatuity of content, with which the narrator supplements and to some extent replaces a description of the fighting" (ebd.).

König und seinen Rittern (außer Gawein); 3. Gaweins Vortrefflichkeit (gegenüber dem König Artus und den anderen Rittern von der Tafelrunde); 4. der unerwartete Zusammenhang der Geschehnisse 'in den selben tagen' (Vv. 4293, 4727) oder 'ze disen stunden' (V. 4524). Im 1. und 2. Thema ist Hartmanns didaktische Absicht unverkennbar, obwohl man meistens diese Themen sorglos ignoriert, und erwägt, zu welchem Zweck die Episode zugefügt wird[8]. Im "Ecclesiasticus" steht z.B. folgendes: 'secundum virtutem tuam cave te a proximo et cum sapientibus et prudentibus tracta' (Sir. 9, 21): solch ein lehrhafter Gedanke liegt wohl der Episode vom Königinraub zugrunde. Wird in dieser Hinsicht Hartmanns Beschreibung des Artus betrachtet, so ist auch sichtbar, daß Artus in der Episode als 'herre', der einsichtslos nach der 'êre' strebt, problematisch exemplifiziert ist.

Es ist kaum möglich, den König Artus, wie Sparnaay es tut, als eine ideal-vorbildliche Figur zu betrachten, obwohl nach jenen bekannten drei Versen (V. 1-3) des Eingangs 14 Verse folgen, in denen Artus als ein Vorbild zur 'êre'-Erwerbung gepriesen ist; denn diese 14 Verse sind zwar nicht di-

---

8 Sacker schreibt: "In case it is objected that I am reading something into this episode that is not there, that for instance the only reason Gawein has to be otherwise engaged is to give Iwein a chance to distinguish himself, I should like to stress two points. First, Gawein and the Round Table need not have been mentioned in this connexion at all by either Chréstien or Hartmann: Iwein encountered this adventure and so it was his: there is no sense in the reference to Gawein unless a comparison is to be drawn. (Gawein is not mentioned in the following adventure of the imprisoned maidens.) Second, there is a marked contrast between the adventure which detains Gawein and that from which he is detained: the one is a matter of honor – or rather of reputation – the other of life and death. And again this need not have been so: had Gawein been engaged in an equally vital and bloody encounter, then any comparison which might have been drawn would not thus have turned out to his disadvantage. But since the medieval poets did in fact mention Gawein at this point and did explain his absence in this particular way, it is surely up to the reader to make a comparison and draw the appropriate conclusion" (s. a.a.O., S.18).
Zwar sieht Sacker konsequent das Werk im sozial-gesellschaftlichen Aspekt, aber er läßt die thematische Wichtigkeit der Erzählinhalte (z.B. Freundschaft zwischen Iwein und Gawein) unbeachtet.

rekt als Ironie zu nehmen, aber als moralisch-didaktische Fragestellung, die Hartmann seinem Publikum vorhält, anzunehmen. Mir erscheint ferner bedenklich, ob der König Artus des "Iwein" als ein idealisiertes Symbol der höfisch-rittelichen Gesellschaft aufzufassen ist[9], weil berichtet wird: 'der künec (Artus) treit ouch die schande der er vil gerne enbære' (V. 4526f.) oder 'wie bin ich (Artus) überkomen! die disen rât tâten, die hânt mich verrâten' (V. 4590-4592); der Dichter beschreibt den König Artus als einsichtslos, mit schwachen menschlichen Eigenschften (s. Vv. 4569-4582, 4722) und betont mehr als Chrestien das Allgemein-Menschliche (V. 4588f.): der überlistete Artus ist im Grunde als der Geschädigte zu sehen, wenn auch sein blindes Streben nach der 'êre' in einer gewissen moralischen Sicht zu kritisieren ist.

Werden weiter die folgenden Textstellen in Betracht gezogen:

V. 4520-4525 er (Gaweins Schwager) sprach 'der (Gawein)
mir ze trôste
dâ wære der beste
und kæme, oberz weste,
und hete ich in dâ vunden,
dern ist ze disen stunden
niht dâ ze lande.

V. 4716-4725 ir (der Königin) wære komen ze trôste
mîn herre Gâwein,
der ie in rîters êren schein:
done was er leider niender dâ.
4720 er kam aber sâ
morgen an dem næhsten tage,
unde **durch des küneges clage**
sô ist er nâch gestrichen
und wil im nämelichen

---

[9] Kurt Ruh meint: "Artus ist so Symbol vollendeten höfischen Rittertums. ... Als Mittelpunkt seiner um ihn versammelten (tätigen) Ritterschaft kann er sich selbst nicht in Bewegung setzen. Er spornt an, ist Promotor der Aventiure, 'semper movens immobiles', 'unbeweglicher Beweger', wenn es gestattet ist, eine alte Gottesformel auf ihn zu übertragen" ("Höfische Epik des deutschen Mittelalters I", S.13). Ruh ignoriert, daß Hartmann den König Artus eindeutig 'menschlich' beschreibt (s. bes. Hartmanns Zusätze).

    4725   wider gewînen sîn wîp
                ode verliesen den lîp.

und wird erwogen, zu welchem Zweck die Episode vom Königinraub ausführlich in 200 Versen erzählt wird, so zeigt diese Episode deutlich die Funktion, den Gawein als einen hervorragenden Ritter und den besten Freund des Iwein zu motivieren[10], denn Iwein spricht:

V. 4756-4759   sô wil ich in durch iuch bestân
               und durch iuwer edel wîp:
               wan mir ist mîn selbes lîp
               niht lieber denne ir bruoder (Gawein) ist.

    4782-4787 ... 'nu enwelle got
               daz mir diu unzuht geschehe
               daz ich ze mînen vüezen sehe
    4785   diu mîns hern Gâweins swester ist.
               jâ wære des, wizze Krist,
               dem künege Artûs ze vil.

    5122   wan daz hân ich durch in (Gawein) getan.

Solche Erzählinhalte (s. auch Vv. 4850, 4865, 4905, 5107-5112) machen sichtbar, daß unter Ausnahme von Gawein die Episode erzählt wird und daß Gawein als der den König Artus und die anderen Ritter von der Tafelrunde übertreffende, beste Freund Iweins thematisiert ist.

Sowohl P. Wapnewski als auch K. Ruh beachten kaum diese thematische Konzeption des Dichters, also bleibt die Episode vom Königinraub für jenen Forscher unerklärbar

---

[10] Walter Ohlys Ansicht: "Diese Episode scheint zunächst in der Romanhandlung nur die Funktion zu haben, die Abwesenheit des von Lunete und dem Burgherrn gesuchten Gawein zu motivieren. Dafür ist jedoch zu breit erzählt. Über ihre reine Handlungsfunktion hinaus wirft sie wiederum ein Licht auf die Situation des Hofes und bezeichnet wie die eben erwähnte Szene dessen Anfälligkeit und Gefährdung bei dem Zusammenstoß mit der außerhöfischen Welt" ("Die heilsgeschichtliche Struktur der Epen Hartmanns von Aue", S.103) hängt einseitig am sozial-gesellschaftlichen Blickpunkt; Ohly übersieht Hartmanns textnahe religiös-sittliche Thematik (z.B. Thema "Rat" oder "Freundschaft" in der Episode), also äußert er auch: "der Begriff 'rehte güete' ist viel zu allgemein und verschwommen, um als solcher (Zentralbegriff) gelten zu können" (ebd. S.97).

und für diesen bloß 'interpretatorisch'[11], weil sie einseitig die Episode im tektonischen Aspekt betrachten. K. Ruh behauptet sogar, daß Hartmanns Erweiterung der Episode als technischer Fehler zu nehmen wäre, indem Ruh fest daran glaubt, daß Hartmann seine Vorlage von der Konzeption her nicht voll verstanden, keineswegs bewußt umgeformt hätte[12]. Stellt man aber hinsichtlich Chrestiens Bericht die Hartmannsche religiös-sittliche Erzählmotivation in Betracht, so ist, wie auf S.49-70 erläutert, anzunehmen, daß Hartmann genau Chrestiens moralisch-sittliche Konzeption erkannt und sie bewußt umgeformt hat. Sieht man ferner die oben aufgewiesene Hartmannsche Erzählkonzeption der Episode vom Königinraub, so ist auch begreiflich, warum in jener Szene mit seiner Warnungsrede an Iwein (V. 2765ff.) nicht bloß als das Sprachrohr der Artusgesellschaft, sondern als Freund auftritt (vgl. S.94-96).

Das Werk "Iwein" besitzt allerdings interpretatorischen Charakter, aber man darf nicht Hartmanns thematisch-kompositorisches Bemühen übersehen, das das moralisch-sittliche Problem anschaulich macht. Wird in dieser Hinsicht die Schachtelung der Abenteuer betrachtet, so hat diese die Funktion, den zeitlichen und räumlichen Zusammenhang der Erzählwirklichkeit zu motivieren: die Episode vom Königinraub kann in dieser Sicht aufgefaßt werden.

Weder Gaweins noch Artus' Verhalten ist, wie Schweikle es sieht, für ideal-vorbildlich zu nehmen, aber es ist noch zu erwägen, ob Hartmann durch diese Darstellung des Artuskreises die Artusgesellschaft **der außer(nicht)-arthurischen Gesellschaft gegenüber** kritisiert: ob Hartmann innerhalb der 'mære'-Wirklichkeit soziale Gruppenidentifikation der handelnden Personen programmiert oder gewisse moralisch-religiöse Identifikation derselben thematisiert? Dies ist noch zu untersuchen.

Walter Ohly interpretiert angesichts der Unfruchtbarkeit des Artusrittertums den Artushof kritisch, bezeichnet Askalon als den **außerhöfischen** Landesherrn oder "Beleidiger"

---

[11] s. Peter Wapnewski: "Hartmann von Aue", S.64-66; K. Ruh: "Zur Interpretation von Hartmanns 'Iwein'", S.413
[12] s. K. Ruh: ebd. S.410-411

und stellt die Artusgesellschaft der **außer-** oder **unter-höfischen** Welt gegenüber[13]. Erkennt man jedoch jene im II. Kapitel (s. S.43-47) aufgewiesene, religiös-sittliche Motivationsmöglichkeit der Episode vom 'Artusritter—Askalon'-Kampf, dann taucht wohl die Frage auf, ob und inwieweit Ohlys antihöfische Interpretation als Hartmanns Erzählkonzeption zu nehmen ist.

Zwar beschreibt Hartmann den Artusritter negativ, aber der Dichter tut das sicher nicht, um den ARTUSHOF zu kritisieren, sondern um, mit Bezug auf bestimmte religiös-sittliche Gedanken, gewisse moralische Probleme in der Wirklichkeit der 'mære' zu veranschaulichen und sein Publikum zu selbständigem Nachdenken und Urteilen aufzufordern.

Bisher haben viele Forscher immerhin untersucht, wie der Dichter **die ARTHUSGESELLSCHAFT** darstellt, aber **wie** er diese darstellt und **was für ein moralischer (religiös-sittlicher) Gedanke** dadurch motiviert ist: diese Fragestellung erscheint mir bei der heutigen Forschungslage äußerst wichtig.

Wird weiter der Bericht, daß der König Artus mit seinen Rittern zur Quelle ausreitet und auf den Stein Wasser gießt (V. 2529-2531), betrachtet, so hat dieser Ausritt der Artusritterrunde, wenn dies auch für offiziell und eine 'rîterschaft'-Tätigkeit zu halten ist (V. 888-906), eine usurpatorische Bedeutung, wenn Askalons Urteil über Kalogrenant (V. 712ff.) berücksichtigt wird: 'hien sol niht vrides mêre wesen' (V. 729); man kann sogar den Ausritt zur Quelle unter gewissen moralisch normativen Gedanken kritisch interpretieren (s. S. 43-47). Erwägt man jedoch, was als das eindeutig negative Moment des Ausrittes der Artusritterrunde zu deuten ist, dann liegt dies wohl weder in der 'rîterschaft'-Tätigkeit noch in der 'rîterlîchen êre' an sich, sondern in der einseitig blinden eigener Gesellschaft verhafteten Rücksichtslosigkeit gegen die anderen, weil der Dichter über die 'rîterschaft' und 'rîterlîchen êre' wie folgt berichtet:

V. 5316-5320   dar under muoser (Iwein) sich bewarn
                     dar nâch als ein wîser man
                     der sîne rîterschaft wol kan

---

[13] s. W. Ohly: aa.O., S.111 u. 126

	und sîne kraft mit listen
	ze rehten staten vristen
V. 6949-6953	daz diu werlt nie gewan
	zwêne strîtiger man (Iwein und Gawein)
6951	nâch werltlîchem lône.
	des truogens ouch die krône
	rîterlîcher êren,
6989-7005	Sî mohten wol strîten,
	wand sîs ze den zîten
	niht êrste begunden.
	wie wol sî strîten kunden
	ze orse und ze vuose!
6995	von kinde gewesen ie:
	daz erzeicten sî wol hie.
	ouch sî iu vür wâr geseit:
	ez lêret diu gewinheit
	einen zagehaften man
7000	daz er getar unde kan
	daz vehten danne ein küener degen
	der es ê niht hât gepflegen.
	dô was hie kunst unde kraft:
	sî mohten von rîterschaft
	schuole gehabet hân.

W. Ohly, der die ritterliche 'turnieren'-Tätigkeit als Sportkampf auffaßt[14], übersieht Hartmanns Ansicht über dieselbe und ignoriert, welche Weltsituation in der 'mære' dargestellt ist. Sieht man aber, daß in der 'mære'-Wirklichkeit die 'rîterschaft'-Fähigkeit (Kampffähigkeit) eine auschlaggebende Rolle spielt, so ist ihre Bedeutung nicht so negativ aufzufassen, da ohne sie und Gottes Gnade keine 'helfe'- und 'dienest'-Leistung des Löwenritters zustande kommt.

Wird der folgende Bericht über Keie in Erwägung gestellt:

V. 2566-2574	swie schalkhaft Keiî wære
	er was iedoch vil unervorht.
	enheten sîn zunge niht verworht,
	son gewan der hof nie tiurern helt.
2570	daz mugent ir kiesen, ob ir welt,
	bî sînem ampte des er pflac:

---

[14] s. W. Ohly: a.a.O., S.100

> **sîn hete anders niht einen tac**
> geruochet der künec Artûs
> ze truhsæzen in sînem hûs.

dann ist Artus' Bevorzugung von Keies Tapferkeit angesichts der oben erwähnten Weltsituation der 'mære' verständlich. Artus (auch die Artusgesellschaft) nimmt zwar Keies 'schalkheit' in Kauf, aber dies verdeutlicht Artus' sittliche Liederlichkeit nicht, da die Episode vom Königinraub seine fast einfältig großen Wert auf die ethische 'êre' legende Gesinnung zeigt, obwohl dabei seine menschliche Schwäche und mangelhafte Herrscherfähigkeit sichtbar wird. Auch im Hinblick auf Artus' menschliche Milde muß seine Bevorzugung der Tapferkeit aufgefaßt werden: 'wander (Artus) was in weizgot verre baz geselle dann herre' (V. 887-888). Der Dichter berichtet:

> V. 3239-3244 Dô diu juncvrouwe (Lunete) gereit.
> nû was dem künege **starke leit**
> hern Îweines swære,
> und vrâgte wâ er wære.
> **er wold in getrœstet hân**
> unde bat nâch im gân.

Hartmann fügt zur Szene mit Artus' Aufgießen des Wassers folgendes hinzu:

> V. 2532-2535 und (Artus) wolde rehte erkunnen
> ob daz selbe mære
> wâr ode gelogen wære
> durch daz er was komen dar,

'Neugier scheint ihn zu treiben'[15]: so könnte man es wie R. Endres sehen, aber Artus ist eindeutig 'menschlich' dargestellt, und zwar als ein schuldhaft gottbezogener Mensch, der bald unüberlegsam, doch mitleidig, bald 'êre'-süchtig einsichtslos, doch auch gütig und taktisch sich verhält.

Untersucht man allein hinsichtlich dieser Darstellung des Artus, was für ein moralisches Problem dadurch motiviert ist, dann erregt vor allem Artus' Verhalten als '**herre**' unsere Aufmerksamkeit: da der König Artus moralisch strenges Regiment nicht führt, steht der Artushof auch nicht im ideal-vor-

---

[15] s. R. Endres: "Der Prolog von Hartmanns 'Iwein'", S.529

bildlichen Burgszustand (s. Redestreit zwischen der Königin und Keie). Nachdem Lunete öffentlich am Artushof ihren Herrn Iwein getadelt und den Hof verlassen hat, bemitleidet Artus, wie gesehen, ihn und bittet seine Ritter, ihn zu suchen, obwohl Lunete vor dem König gesagt hat: 'und mac sich der künec iemer schamen, hât er iuch (Iwein) mêre in rîters namen, so liep im triuwe und êre ist' (V. 3187-3189). Im "Buch der Sprüche" steht:'aufer impietatem de vultu regis, et firmabitur justitia thronus eius' (Prov. 25, 5): an solch einen normativen Gedanken hat Lunetes Wort wohl Anschluß, aber der König Artus benimmt sich nicht solcher Norm folgend. Artus ist in erster Linie 'menschlich' dargestellt, aber er ist als 'herre' problematisch exemplifiziert, und zwar trotz seiner 'vrümekheit' und 'milte'. Der Dichter berichtet ferner folgendes:

V. 7282-7289   der künec begunde kêren
               bete unde sinne,
               ob er deheine minne
               vunde an der altern maget,
     7286   diu sô gar hete versaget
               der jungern ir erbe.
               diu bete was unbederbe:
               si versagtet im mit unsiten
               daz er sîs niht mêre wolde biten.

Dies verdeutlicht Artus' Menschlichkeit genügend, aber das Bild des Königs Artus kontrastiert mit dem des 'rex' der Proverbia Salomonis: 'rex qui sedet in solio iudicii dissipat omne malum intuitu suo' (Prov. 20, 8) (s. ebd. 16, 12). Im Ecclesiasticus steht: 'iudex sapiens vindicabit populum suum et principatus sensati stabilis erit' (Sir. 10, 1). Zieht man hinsichtlich solcher lehrhaft normativen Gedanken die Hartmannsche Beschreibung des Artus in Betracht, so veranschaulicht diese **die Spannung von Ideal und Wirklichkeit, von Norm und Realisierung** thematisch klar, obwohl Hartmanns Darstellung eine mehrdeutige Funktion hat. Wird der folgende Gedanke der Bibel als Deutungshilfe genommen:

Sir. 19, 18   et da locum timori Altissimi
               quia omnis sapientia timor Dei et in
               illa timere Deum

>   et in omni sapientia dispositio legis
> , 20 est nequitia et ipsa execratio
>   et est insipien qui minuitur sapientia
> 21 melior est homo qui dificit sapientia
>   et deficiens sensu in timore
>   quam qui abundat sensu et transgreditur
>   legem Altissimi

dann kann der König Artus für 'insipiens' gehalten werden (s. Kapitel 10-11 und 19-20 von Sir.), obwohl er keineswegs als boshafter Mensch zu sehen ist.

Betrachtet man dazu, mit welcher Absicht Kalogrenant und der 'zuht'-lose Iwein auf den Stein Wasser gießen (s. Vv. 629-634, 936-944), und erwägt man, was angesichts der Darstellung der Artusritter kritisch aufzufassen ist, so ist es sicherlich ihr **blindes** Streben nach der 'rîterschaft' und 'êre'; **die Verblendung** durch die 'êre'-Süchtigkeit wird an den Beispielsfiguren des Artuskreises thematisch.

Diese typenhafte Darstellung der arthurischen Personen bezieht sich wohl auf Sir. 10, 2 oder 13, 19-20 (s. S.78) oder auf Prov. 29, 12 (s. S.33).

Wird diese Deutungsmöglichkeit der Erzählkonzeption anerkannt, so erscheint das Werk "Iwein" als eine thematisch sorgfältig komponierte, lehrhafte Dichtung.

Zwar weisen viel Forscher seit langem darauf hin, daß das Werk "Iwein" einen lehrhaften Chrakter besitzt, aber sie erfassen diesen, oft an einem eigenen deutungstheoretischen Standpunkt hängend, zu sehr einseitig oder bloß allgemein und gehen an der textnahen didaktischen Konzeption des Dichters unbekümmert vorüber. Ich habe aber oben mit Hilfe der Proverbia Salomonis und des Ecclesiasticus versucht, zu zeigen, daß die Hartmannsche Darstellung des Gawein, des Königs Artus und der Artusgesellschaft mit Bezug auf gewisse moralisch normative Gedanken die Spannung von Ideal und Wirklichkeit, von Norm und Realisierung anschaulich macht und das Publikum zu selbständigem Nachdenken und Urteilen auffordert.

Obwohl diese didaktische Funktion der Hartmannschen Darstellung relativ leicht aus dem Text ablesbar ist, lassen viele Interpreten sie außer acht, weil die Frage, wie der Dichter die ARTUSGESELLSCHAFT darstellt, in der stoffgeschichtlich-dichtungschronologischen und gruppenidentifikationsthematischen Sicht das Forschungsinteresse stark beschränkt. Betrachtet man jedoch z.b. die Beziehung zwischen dem König Artus und seinen Rittern, die ihn irrtümlich beraten (V. 4566-4584), hinsichtlich jenes der Herrin Laudine gegebenen Rats Lunetes (V. 2147-2158), so ist begreiflich, welche moralischen Probleme darin motiviert sind.

Für das Verständnis des "Iwein" ist die Untersuchung der soziologisch-gesellschaftlichen Bedeutung und Funktion des Erzählinhaltes allerdings unentbehrlich, aber die Gefahr einer Überinterpretation besteht darin, daß eine solche Untersuchung und Deutung der vom Dichter intendierten Erzählkonzeption ein anderes Gewicht verleihen kann als der Dichter selbst. Obwohl Handlungsnormen immer sozial bedingt sind[16], so bedingen sie, insofern das Zeitalter verschiedene Gedankentraditionen trägt, doch das soziale Leben. Die moralischen (religiös-sittlichen) Gedanken, die im Text vorhanden sind, sind daher noch genauer zu beachten.

Bei der Arbeit habe ich die Proverbia Salomonis und das Ecclesiasticus als Deutungshilfe benützt, da die Anspielungsmöglichkeiten zwischen dem Werk und ihnen in thematischer Hinsicht anzunehmen ist. Aber ich meine, wie erwähnt, nicht, daß der Erzählinhalt des "Iwein" unbedingt nur mit ihnen in Beziehung stehen würde, sondern daß jener sich **wenigstens** auf sie beziehen kann.

Betrachtet man Iweins Furcht vor dem Löwen und seine Erwartung einer guten Folge der Handlung im Zusammenhang mit den folgenden Gedanken:

Prv. 23, 17	non aemuletur cor tuum peccatores
	sed in timore Domini esto tota die
, 18	quia habebis spem in novissiomo et
	praestolatio tua non auferetur

---

[16] s. Otfrid Ehrismann und Hans Heinrich Kaminsky: "Literatur und Geschichte im Mittelalter", S.132

Sir. 16, 14   non effugiet in rapinam peccator
              et non retardabit sufferentia misericordiam
              facientis

so ist es leicht vermeidbar, Iweins Hilfsaktion von heutigem moral-philosophischen Gesichtspunkt etwa für 'unrein' zu halten (s. auch Prov. 10, 28; 11, 23 und Sir. 34, 14-16). Auch das Wort 'wænlich' (Vv. 2433, 8148, 8159) kann auf Sir. 18, 25-27 anspielend, einen ernsthaften, religiös-sittlichen Gedanken motivieren:

Sir. 18, 25   memento paupertatis in tempore
              abundantiae
              et necessitatem paupertatis in die
              divitiarum
       26   amane usque ad vesperam mutatur
              tempus
              et haec omnia citata in oculis Dei
Sir. 18, 27   homo sapiens in omnibus metuet
              et indiebus delictorum adtendet ab
              inertia

Rolf Endres, der meint, daß Hartmann in Prolog und Epilog des "Iwein" versuchen würde, Anschluß zu gewinnen an die religiöse Welt Augustins[17], berücksichtigt kaum die in den vorausgegangenen Kapiteln aufgewiesenen Interpretationsmöglichkeiten, mithin äußert Endres, Hartmann übersehe geflissentlich, daß 'êre' im wesentlichen das Ansehen bei den Menschen sei und daß vor Gott eigentlich niemand 'êre' besitzen könne[18]. In der Bibel steht jedoch folgendes:

Sir. 25, 1   in tribus placitum est spiritui meo
              quae sunt probata coram Deo et
              hominibus
       2   concordia fratrum et amor proximorum
              et vir et mulier sibi consentientes

Prv. 3, 1   fili mi ne obliviscaris legis meae et
              praecepta mea custodiat cor tuum
       2   longitudinem enim dierum et annos
              vitae et pacem adponent tibi

---

[17] s. R. Endres: a.a.O., S.525
[18] s. R. Endres: a.a.O., S.527

, 3	misericordia et veritas non te deserant
	circumda eas gutturi tuo et describe
	in tabulis cordis tui
4	et invenies gratiam et disciplinam
	bonam coram Deo et homnibus

Solche Gedanken stehen mit der Erzählung "Iwein" in einem schönen, thematischen Einklang.

Schlußbemerkungen

1) Im I. Kapitel habe ich die Löwen-Drachen-Kampfepisode des "Iwein" unter der Annahme der lehrhaften Deutungsmöglichkeit des mittelalterlichen fabelähnlichen Erzählinhaltes als eine allegorische Darstellung des religiös-sittlichen Handlungs-, Erkennungs- und Gesinnungsproblems interpretiert; diese Deutungsmöglichkeit hat man lange ignoriert, weil bisher jene scheinbar komischen Details (Chrest. Vv. 3382ff. 3400f.) bei Chrestiens Kampfschilderung einfach für komödienhaft gehalten und kaum im lehrhaften Sinne verstanden wurden. Ich habe daher, auf diese vernachlässigte Betrachtungsweise hinweisend, im Vergleich zu Chrestiens Bericht die Löwen-Drachen-Kampfepisode Hartmanns betrachtet und versucht deutlich zu machen, daß Hartmann Iweins 'vorhten' vor dem Löwen in Betonung setzt und durch diese Episode eine Verwirklichungsschwierigkeit der religiös-sittlichen Tätigkeit thematisiert und daß Iweins Willensentscheidung, 'vorhten' vor dem Löwen und Hilfsaktion (Drachentötung) Iweins Moralitätserwachen zu setzen ist. Ferner ist dabei erwähnt, daß Iweins innerlicher Zustand anders als bei Chrestien gestaltet ist, mithin daß Hartmanns starke Abweichung von der Vorlage sich auf seine Personendarstellungstendenz beziehen kann.

Die Löwen-Drachen-Kampfepisode hat man bisher meistens entweder unter dem Verständnis der assoziativen oder allegorischen Bedeutung des Wortes 'lewe' von vornherein als eine moralische oder tropologische Episode, oder unter dem stoffgeschichtlichen Verständnis als eine märchenhafte Geschichte, oder auch, unter einem bestimmten Tierverständnis, als eine mittelalterliche Tier-Geschichte aufgefaßt[1], aber

---

[1] Es gibt noch, wie Heinrich Zimmer oder Max Wehrli es tut, eine sozusagen innerseelisch-projektive (psychologische) Deutung, aber man kann solch eine Interpretation im Grunde weder bejahen noch verneinen, weil ihre Gültigkeit und Wahrscheinlichkeit meistens textnah nicht gesichert wird. Wenn also eine gedankenreiche Deutung sachgemäßer zu sein scheint als eine andere, so muß dies im Zusammenhang mit dem Textinhalt möglichst ausführlich erklärt werden. Man darf nicht unbegründet in ein Ungefähr oder Sowohl-als-Auch gera-

solche Auffasungen sind, wenn sie einzeln behauptet werden, allzu einseitig, denn der Löwe ist, seinem Stellenwert in der Episode nach gesehen, nicht bloß als ein allegorischer Bedeutungsträger, sondern auch als eine Figur dargestellt, die dem 'ungewissen manne' gleich zu setzen ist. Außerdem zeigt die Episode Hartmanns keine amüsante märchenhafte Erzählstimmung (vgl. mit Chrestiens), sondern eine ernsthafte. Sieht man ferner diese Darstellungstendenz des Dichters und den lehrhaften Charakter des "Iwein", dann ist es auch fragwürdig, die Löwen-Drachen-Kampfepisode einfach als eine Geschichte eines Tierkampfs zu betrachten. Angesichts solcher Interpretationsschwierigkeiten habe ich die Episode als eine allegorische Darstellung der Verwirklichungsschwierigkeit der religiös-sittlichen Tätigkeit gedeutet, denn 1. Chrestiens Bericht enthält in sich schon solch eine lehrhafte Konzeption. 2. Hartmanns mehrdeutige Erzählmotivation wird erst dadurch verständlich, und auch der Erzählzusammenhang der Dichtung kann, wie im Abschnitt (a) des III. Kapitels erklärt, sinnvoller aufgefaßt werden. 3. Diese Deutung der Episode steht mit den Proverbia Salomonis und mit dem Ecclesiasticus in enger thematischen Beziehung, mit deren Hilfe oft die uns verborgene Erzählkonzeption des Dichters thematisch deutlich wird.

2) Im II. Kapitel habe ich gezeigt, welche Erzählinhalte des "Iwein" sich auf die Proverbia Salomonis beziehen können, aber die eigentliche Aufgabe dieses Kapitels war die Vorbereitung der Deutung im III. Kapitel; daher habe ich hier weder alle Bezugstellen des "Iwein" auf die Bibel gedeutet noch auch angegeben, sondern nur die Stellen, in denen immer noch einige umstrittene Forschungsprobleme liegen; wenn z.B. die Episode von Lunetes 'gâchspîse' (V. 1218-1224) mit Prov. 25, 21-22 in Beziehung gesetzt wird (s. S.25), so liegt darin diese Frage: Ist eine solche scheinbar komische Episode bloß als solche zu betrachten? Ähnlich wie jener unzeitgemäße

---

ten, wenn die Sache auch eine solche unsichere Möglichkeit hat, denn wir dürfen nicht einfach fabulieren, sondern begründen, warum die Sache so zu verstehen ist, und überprüfen, ob und inwieweit die Auffassung mit dem Werk im Einklang steht.

Schneefall (Pz. 281, 12-20) des VI. Buchs von Wolframs "Parzival" scheint mir die Episode bedenklich zu sein[2]. Wird dazu Hartmanns Personenbeschreibung des "Iwein" im Hinblick auf das Schuldproblem der handelnden Personen in Erwägung gezogen, so ist nicht zu verneinen, daß die in diesem Kapitel unternommene Untersuchung der Anspielungen auf die Proverbia Salomonis schon eine unentbehrliche Forschungsaufgabe gewesen ist[3] (s. Walters Spruch: Lachmann, 23, 26), da der Dichter berichtet:

V. 2702-2708	als ouch die wīsen wellen,
	ezn habe deheiniu grœzer kraft
	danne unsippiu geselleschaft,
2705	gerâte sî ze guote;
	und sint sî in ir muote
	getriuwe under beiden,
	sô sich gebruoder scheiden.

Diese Zutat Hartmanns gilt, wenn sie nicht bloß als ein dichterischer Schmuck der mittelalterlichen Dichtung genommen wird, als ein Hinweis auf die religiös-sittliche Erzählkonzeption des Dichters; es ist annehmbar, daß der Dichter das biblische Vorwissen des Publikum in Rechnung stellt.

---

[2] M. Wehrli schreibt: "Pz. 281, 14 ez enwas iedoch niht snêwes zît. Schnee und Artus? Diese Beziehung wird neu geschaffen, um die paradoxe Vorstellung des verschneiten Maienkönigs, der sonst nur an Pfingsten aufzutreten hat, humoristisch zu entwickeln" ("Wolframs Humor", in: "Wolfram von Eschenbach" hg. v. Heinz Rupp, Darmstadt 1966, S.104). Aber W. und H. Freytag verweisen darauf: "der Schnee in Wolframs Bluttropfenszene fällt unzeitgemäß zu Pfingsten (Pz. 281, 14-18), anders als bei Chrestien bedingt ihn Saturn" ("Zum Natureingang von Wolframs von Eschenbach Bluttropfenszene", in: Studi Medievali 14, S.320), machen auf eine mittelalterliche Naturlehre über Saturn aufmerksam und weisen darauf hin, daß die Episode mit dem unzeitgemäßen Schneefall auch an den Spruch 26, 1 der Proverbia Salomonis Anschluß haben kann und daß die Episode die Funktion hat, den negativen Verlauf der Erzählung vorauszudeuten (ebd. S.321-322).

[3] Im übrigen halte ich es für wichtig, daß man bei der Deutungsarbeit die Forschungsergebnisse, die Schönbach oder Weise geleistet hat, noch sorgfältig berücksichtigt (Schönbach: "Über Hartmann von Aue", Graz 1894; Weise: "Die Sentenz bei Hartm von Aue", Marburg 1910).

Zwar verweisen die Forscher, daß ohne Hilfe der Bibel die Deutung der mittelalterlichen Literatur schwer oder sogar unmöglich ist, aber sie benützen eine solche allgemeine mittelaltergemäße Forschungsvorkenntnis oft allzu deduktiv. Hinsichtlich dieses forschungsmethodischen Problems habe ich bei der Untersuchung der biblischen Anlehnungsmöglichkeit des "Iwein" jenes, von I.M. Bocheński referierte, **reduktive** Verfahren angewandt, d.h. ich habe methodisch nicht bestätigt, daß alle **anlehnungsmöglichen** Stellen der Bibel mit dem "Iwein" in Beziehung stehen, sondern habe der Darstellungstendenz des Dichters nach, die im Text vorhandenen Erzählthemen betrachtend, erwogen, auf welche Bibelstellen das Werk "Iwein" sich wenigstens beziehen kann, und als solche Stelle die "Proverbia Salomonis" angenommen. Mithin habe ich als Beispiel die Untersuchung der thematischen Übereinstimmungen des "Iwein" mit dem "Buch der Sprüche" unternommen und gezeigt, welche Wahrscheinlichkeit als Deutung das Ergebnis der Untersuchung besitzt.

2) Ich habe es für nötig gehalten, in diesem Kapitel meine Untersuchungsabsicht und den Arbeitsgang deutlich werden zu lassen.

Obwohl wir schon zahlreiche unterschiedliche, Mittelalter-gemäß denkbare Interpretationen haben, bleiben sie doch immer noch brüchig und strittig, weil Hartmanns Motivierungsweise der Erzählinhalte noch nicht genug betrachtet wird. Hinsichtlich der religiös-sittlichen Erzählinhalte des "Iwein" habe ich daher, anders als Schönbach, versucht, Hartmanns Erzählmotivation, mit Hilfe der Bibel, textnah zu untersuchen und sie zu veranschaulichen.

3) Aufgrund der Untersuchungsergebnisse des II. Kapitels habe ich weiter im III. Kapitel versucht, zu klären, inwieweit die Erzählkonzeption des Dichters im "Iwein" mit Hilfe der Proverbia Salomonis (gelegentlich auch im Anschluß an das "Buch Jesus Sirarch") erfaßbar wird und in welcher thematischen Beziehung das Werk mit ihnen stehen kann, weil erst dadurch die Gültigkeit und Wahrscheinlichkeit der Deutung nachprüfbar wird.

Bei der Deutungsarbeit habe ich darauf hingewiesen, welcher Gefahr der Überinterpretation die bisherigen Iwein-Forschungen sich aussetzen, wenn die textnahen, religiös-sittlichen Erzählkonzeptionen des Dichters unbeachtet gelassen werden.

Die Forscher versuchen die Hartmannsche Erzählkonzeption von verschieden Gesichtspunkten (z.B. im dichtungschronologischen oder im stoffgeschichtlichen oder im allegorisch-exegetischen oder auch im soziologisch-gesellschaftlichen Gesichtspunkt) her aufzufassen, aber ihre Textauslegungen hängen meistens zu sehr am eigenen deutungstheoretischen Standpunkt, sind einseitig, brüchig und oft allzu deduktiv, auch wenn sie unter gewissen mittelaltergemäßen Forschungsvorkenntnissen argumentiert werden. Zwar halte ich z.B. die Fragestellung, wie der Dichter **die ARTUSGESELLSCHAFT** darstellt, für wichtig, aber ich sehe die Gefahr einer Überinterpretation darin, daß diese Untersuchungssicht den vom Dichter intendierten Erzählkonzeptionen ein anderes Gewicht verleihen kann als der Dichter selbst.

Angesichts dieser Gefahr der Überinterpretation habe ich im III. Kapitel hauptsächlich auf die im Text vorhandenen, religiös-sittlichen Erzählinhalte achtgegeben, und versucht, Hartmanns didaktische Thematik textnah aufzufassen, weil ich, wie erwähnt, davon ausging, daß die Forschungslücke noch in der Untersuchung der didaktischen Konzeption des Dichters besteht, da man diese Konzeption unbesorgt viel zu allgemein und verschwommen versteht.

Im Abschnitt (a) ist in solcher Sicht Iweins 'vorhten' vor dem Löwen nicht unter der Annahme der christlich-analogischen Bedeutung des Löwen interpretiert, sondern im Hinblick auf das dem Text unterlegte Thema von "Justitia Dei"; Iweins Schuld, Selbsterkenntnis und Aventiurenweg habe ich ebenso in thematischer Hinsicht betrachtet. Gewiß liegt dieser Deutung das Buch der Sprüche (auch das Buch Jesus Sirarch) zugrunde, aber die Anlehnungsmöglichkeit des Erzählinhaltes an dasselbe ist wohl anzunehmen, wenn man nicht wörtliche Anspielung erwartet.

Im Abschnitt (b) habe ich den Löwen als den 'kneht', den 'guoten kneht' und einen Repräsentanten des Tiers nach

Hartmanns Thematisierungstendenz des religiös-sittlichen Problems gedeutet, weil die Beziehungen "HERRE (MEISTER) – KNEHT (GESINDE)" und "MENSCH – TIER" mit Bezug auf das Thema "giedienen – lônen" durch die Löwen – Ritter (Iwein)-Aventuire motiviert sind. Diese Auffassungsmöglichkeit ignoriert man, wenn man z.B. die Waldmann-Episode schlechthin entweder im stoffgeschichtlichen Aspekt oder, mit Rücksicht auf die Hartmannsche kontrast-technische Darstellungsweise, angesichts des prächtig dargestellten Artushof deutet. Erwägt man jedoch, in welchem thematischen Zusammenhang die Verse 494-495 mit den Versen 887-888 stehen (s. S.80-84), so ist sichtbar, daß der König Artus als "herre" mit dem Waldmann kontrastiert. Vergleicht man weiter die 'Artus – seine Ritter' – und die 'der Waldmann – seine Tiere'-Beziehung mit derselben zwischen dem Löwen und Iwein, dann ist begreiflich, was für ein didaktischer Gedanke thematisch wird. Sieht man dazu, daß die I. und II. gastfreundliche Burg eine zeichenhafte Funktion der in Ordnung stehenden Beziehung zwischen HERRE und GESINDE hat, so ist Hartmanns didaktische Thematik noch deutlicher (s. auch Vv. 5578-5583, 4811-4817).

Zwar **kann** der Löwe als 'der verlängerte Arm Gottes' interpretiert werden, da der sogenannte tätige Gott im Text thematisch wird, aber es ist nicht zu übersehen, daß der Dichter dies berichtet:

V. 6753-6755   sînes herren (Iwein) arbeit
 die er ie durch in (den Löwen) geleit,
 der lônet er im dâ.

Man **kann** an dem Löwen eine erzieherisch instrumentale Bedeutung für den 'zuht'-losen Iwein annehmen, da der Löwe eindeutig positiv dargestellt ist, aber Iweins Drachentötung und seine Selbsterkenntnis (V. 3964-3973) sind bei der Deutungsarbeit noch stärker zu berücksichtigen.

Wir **können** zwar den Löwen jeder Textstelle gemäß von verschiedenen Blickwinkeln aus mehrschichtig und mehrdeutig interpretieren, aber es ist, wie schon erwähnt, zu bemerken, daß es zwischen den folgenden Fragen einen großen Unterschied gibt: "Was machte der Dichter damit seinem Hörer verständlich?" und "Was konnte sich das Publikum des Mittelalters darunter vorstellen?".

Der Löwe **kann** im allegorisch-exegetischen Sinne als ein Bedeutungsträger Christi betrachtet werden, aber man darf nicht Hartmanns Erzählmotivation außer acht lassen.

Im Abschnitt (c) habe ich in der gleichen Untersuchungsperspektive Hartmanns Darstellung des Gawein, des Königs Artus und der Artusgesellschaft untersucht und darauf hingewiesen, daß der König Artus und Gawein (die Artusgesellschaft) weder **einfach positiv** noch **bloß negativ**, sondern in der 'mære'-Wirklichkeit als die Beispielfiguren, die menschlich allerdings einsichtslos nach der 'êre' streben, **problematisch** dargestellt sind, und daß Hartmanns mehrdeutige Darstellung im Zusammenhang mit gewissen religiössittlich-normativen Gedanken die Spannung von Ideal und Wirklichkeit, von Norm und Realisierung veranschaulicht. Obwohl diese Mehrdeutigkeit der Hartmannschen Darstellung oft unter dem Begriff "IRONISCH" gefaß und, da die Forscher damit Hartmanns Kritik an der ARTUSGESELLSCHAFT überbetonen, zu sehr festgelegt wird, so zeigt sich Hartmanns Darstellung doch als eine lehrhaft problematische und wohl humoristische Konfrontierung der 'mære'-Wirklichkeit mit den religiös-sittlichen Normen: dies habe ich in diesem Kapitel mit Hilfe der "Proverbia Salomonis" und des "Ecclesiasticus" verdeutlicht.

Die Ergebnisse dieser Arbeit weisen darauf hin, daß das unternommene Deutungsexperiment zur akzeptablen Deutungswahrscheinlichkeit der Erzählkonzeption des Dichters gelangt ist, weil man, wie gesehen, mit Hilfe der "Proverbia Salomonis" und des "Ecclesiasticus" die Erzählkonzeption des Dichters an solchen Stellen thematisch sinnvoller erfassen kann, wo die Forschungsmeinungen nicht übereinstimmen, wo sie einseitig und brüchig sind, wo Hartmanns Erzählkonzeption dunkel bleibt. Jene schwer übersetzbaren drei Verse des Eingangs oder die Episode vom Löwen-Drachen-Kampf oder das Schuldproblem des "Iwein" oder auch Iweins Weg: dies alles kommt trotz Hartmanns vieldeutiger Darstellung thematisch klar in Sicht, wenn Hartmanns Annäherung wenigstens an die "Proverbia Salomonis" nicht als bloßer dichterischer Schmuck des Mittelalters genommen wird; Hartmanns unbefangene Sprache erscheint am Horizont unseres Blicks problematisch-didaktisch.

Dieses Ergebnis der Deutung zeigt, daß das Werk "Iwein" noch genauer als eine lehrhafte Dichtung betrachtet zu werden verdient, obwohl sich die heutige Forschung meistens mit der mittelaltergemäßen philosophisch-theologischen Textbetrachtung oder mit der Untersuchung der soziologisch-gesellschaftlichen Bedeutung und Funktion des Erzählinhaltes befaßt.

Nachwort

Indem ich neuerlich die unten angegebenen Aufsätze* gelesen habe, bin ich davon überzeugt, daß meine Werk-Deutung in Betracht der heutigen Forschungslage immer noch bedeutsam sein kann. Diese Arbeit war eigentlich eine Hausarbeit, die ich zum WS 1978-79 an der Universität Hamburg im Bereich der Älteren Deutschen Literatur vorlegte. Ich halte jedoch, im Hinblick auf das Ergebnis meiner Werk-Deutung, die Kenntnis, daß Hartmanns "Iwein" auch im Bereich der mittelalterlichen Moral-Philosophie eine wichtige religiös-sittliche Bedeutung hat. So möchte ich diese Arbeit als eine interdisziplinäre Arbeit veröffentlichen.

Zum Verständnis dieser Arbeit ist es förderlich, daß man, um die mittelalterlich-moralische Reflexion auf die Bibel zu verstehen, jenen Briefwechsel zwischen Abaelard und Heloisa liest[1]. Untersucht man ferner, im gleichen methodischen Verfahren, das VI. Buch von "Parzival" Wolframs, so kann man wohl sehen, daß das hier durchgeführte Deutungsverfahren auch bei Wolfram eine sinnvolle Interpretationsmöglichkeit zeigt.

*   Alois Wolf: 'Erzählkunst und verborgener Schriftsinn zur Diskussion um Chrétiens 'Yvain' und Hartmanns 'Iwein', in: Wolf, "Erzählkunst des Mittelalters" (1999).
Manfred Eikelmann: 'Autorität und ethischer Diskurs. Zur Verwendung von Sprichwort und Sentenz in Hartmann von Aue 'Iwein'', in: "Autor und Autorschaft im Mittelalter" (1998).
Xenia von Ertzdorff: 'Hartmann von Aue: Iwein und sein Löve', in: "Die Romane von dem Ritter mit dem Löwen" (1994).
Wiebke Freytag: 'rehte güete als wahrscheinlich gewisse lêre: Topische Argumente für eine Schulmaxime in Hartmanns 'Iwein'', in: "Chrétien de Troyes and the German Middle Ages" (1993).
Gerlinde Weiss: 'Der Löwen-Drachen-Kampf in der mittelalterlichen 'Iwein'-Tradition', in: FS Ingo Reiffenstein (1988).

Zum Schluß möchte ich meinem Freund Detlev Dehn dafür danken, daß er meine Arbeit so schnell und sauber digitalisiert und zur Veröffentlichung derselben den Weg geebnet hat.

---

[1] s. bes. Heloisas Begleitschreiben, darin 42 theologische Fragen stehen.

Literaturverzeichnis

Quellen:

a) Hartmann von Aue: "Iwein", hg. v. Georg Friedrich Benecke u. Karl Lachmann, 6. Ausg., Berlin 1966.

Ders.: "Iwein", hg. v. Georg Friedrich Benecke, Karl Lachmann u. Ludwig Wolff, 7. Ausg., Berlin / New York 1974.

"Die Gedichte Walthers von der Vogelweide", hg. v. Hermann Paul, 6. Aufl. bes. v. Albert Leitzmann, Halle 1945.

Chrestien de Troyes: "Yvain", hg. v. Hans Robert Jauß u. Erich Köhler, übers. v. Ilse Nolting-Hauff, München 1962.

b) "Biblia Sacra", hg. v. Valentinus Loch, Rom 1592 u. 1593.

"Vulgata", hg. v. Robertus Weber OSB, Stuttgart 1975.

"Die Bibel", nach Martin Luthers Übersetzung, Halle 1893.

"Die Bibel", nach Martin Luthers Übersetzung, Stuttgart 1968.

Literatur:

a) Joseph M. Bocheński: "Die zeitgenössischen Denkmethoden", Bern 1954.

Werner Kallmeyer u.a.: "Lektürekolleg zur Textlinguistik", Bd. 1, Frankfurt am Main 1974.

Eric D. Hirsch: "Prinzipien der Interpretation", übers. v. Adelaide Anne Späth, München 1972.

b) Julius Schwieterling: "Die Deutsche Dichtung des Mittelalters", Hdb. d. Lit.-Wiss., Potsdam o.J. (1932).

Hugo Kuhn: 'Die Klassik des Rittertums in der Stauferzeit 1170-1230', in: "Annalen der deutschen Literatur", hg. v. Heinz Otto Burger, Stuttgart 1952/1971, S.99-177.

Helmut de Boor: "Die höfische Literatur, Vorbereitung, Blüte, Ausklang 1170-1250", Geschichte der deutschen Literatur, Bd. II, München 1953, S.80-83.

Peter Wapnewski: "Deutsche Literatur des Mittelalters", Göttingen 1960.

Kurt Ruh: "Höfische Epik des deutschen Mittelalters", Bd. I, Berlin 1967.

Otfrid Ehrismann / Hans Heinrich Kaminsky: "Literatur und Geschichte im Mittelalter", Kronberg 1976.

Herbert Walz: "Die deutsche Literatur im Mittelalter", München 1976.

Bernhard Sowinski: "Lehrhafte Dichtung des Mittelalters", Stuttgart 1971.

Brune Boesch: "Lehrhafte Literatur, Lehre in der Dichtung und Lehrdichtung im deutschen Mittelalter", Berlin 1977.

c) Anton Erich Schönbach: "Über Hartmann von Aue", 3 Bde., Graz 1894.

Wilhelm Weise: "Die Sentenz bei Hartmann von Aue", Marburg 1910.

Hendricus Sparnaay: "Hartmann von Aue, Studien zu einer Biographie", 2 Bde., Halle 1933/1938.

Peter Wapnewski: "Hartmann von Aue", 5. Aufl., Stuttgart 1962.

Theodorus Cornelis van Stockum: "Hartmann von Ouwes 'Iwein', sein Problem und seine Probleme", Amsterdam 1963.

Jan C.W.L. de Jong: "Hartmann von Aue als Moralist in seinen Artusepen", Amsterdam 1964.

Bernhard Gaster: "Vergleich des Hartmannschen Iwein mit dem Löwenritter Chrestiens", Greifswald 1896.

Hans-Peter Kramer: "Erzählerbemerkungen und Erzählerkommentare bei Chrestiens und Hartmanns 'Erec' und 'Iwein'", Göppingen 1971.

Ernst Scheunemann: "Artushof und Abenteuer, Zeichnung höfischen Daseins in Hartmanns 'Erec'", Breslau 1937.

Walter Ohly: "Die heilsgeschichtliche Struktur der Epen Hartmanns von Aue", Diss., Berlin 1958.

Hugh Sacker: 'An Interpretation of Hartmann's 'Iwein'', in: Germ. Rev. 36, 1961, S.5-26.

Armin Meng: "Vom Sinn des ritterlichen Abenteuers bei Hartmann von Aue", Zürich 1967.

Gert Kaiser: "Textauslegung und gesellschaftliche Selbstdeutung", Frankfurt am Main 1973.

Volker Mertens: 'IMITATIO ARTHURI, Zum Prolog von Hartmanns 'Iwein'', in: ZfdA 106, 1977, S.350-358.

Friedrich Ohly: 'Vom geistigen Sinn des Wortes im Mittelalter (1958)', in: "Schriften zur mittelalterlichen Bedeutungsforschung", Darmstadt 1977, S.1-31.

Arthur T. Hatto: "'Der Aventuire Mein' in Hartmann's 'Iwein'", in: Festschrift Frederick Norman, London 1965, S.94-103.

Maria Bindschedler: 'Guot und Güete bei Hartmann von Aue', in: Festschrift Friedrich Maurer, Stuttgart 1963, S.352-365.

Rolf Endres: 'Der Prolog von Hartmanns 'Iwein'', in: DVJS 40, 1966, S.509-537.

Heinz Rupp: 'Über den Bau epischer Dichtungen des Mittelalters', in: Festschrift Friedrich Maurer, Stuttgart 1963, S.366-382.

Hans Jürgen Linke: "Epische Strukturen in der Dichtung Hartmanns von Aue", München 1968.

Norbert Heinze: "Zur Gliederungstechnik Hartmanns von Aue, Stilistische Untersuchungen als Beitrag zu einer strukturkritischen Methode", Göppingen 1973.

"Hartmann von Aue", hg. v. Hugo Kuhn u. Christoph Cormeau, Darmstadt 1973:
    Kurt Ruh: 'Zur Interpretation von Hartmanns 'Iwein'' (1965), S.408-425.
    Thomas Cramer: 'Sælde und êre in Hartmanns 'Iwein'' (1966), S.426-449.
    Max Wehrli: 'Iweins Erwachen' (1969), S.491-511.

Wolfgang Mohr: 'Iweins Wahnsinn, Die Aventiure und ihr "Sinn"', in: ZfdA 100, 1971, S.73-94.

Marie Theres Nölle: "Formen der Darstellung in Hartmanns 'Iwein'", Bern u. Frankfurt am Main 1974.

Gertrud Jaron Lewis: "Das Tier und seine dichterische Funktion in 'Erec', 'Iwein', 'Parzval' und 'Tristan'", Bern u. Frankfurt am Main 1974.

Robert E. Lewis: "Symbolism in Hartmann's 'Iwein'", Göppingen 1975.

Günter Schweikle: 'Zum 'Iwein' Hartmanns von Aue', in Festschrift Käthe Hamburger, Stuttgart 1971, S.1-21.

d) "Wolfram von Eschenbach", hg. v. Heinz Rupp, Darmstadt 1966:

    Friedrich Ranke: 'Zum Symbol des Grals bei Wolfram von Eschenbach (Triv. IV, 1946, S.20-30)', S.38-48.

    Friedrich Maurer: 'Parzivals Sünden, Erwägungen zur Frage nach Parzivals "Schuld"', S. 49-103.

    Max Wehrli: 'Wolframs Humor', S.104-124.

Karl Kurt Klein: 'Das Freundschaftsgleichnis im Parzivalprolog, Ein Beitrag zur Klärung der Beziehung zwischen Wolfram von Eschenbach und Gottfried von Straßburg', S.173-206.

Otto Georg von Simson: 'Über das Religiöse in Wolframs 'Parzival'', S.207-231.

Wolfgang Mohr: 'Parzival un Gawan', S.287-318.

Walter J. Schröder: 'Vindaere wilder maere, Zum Literaturstreit zwischen Gottfried und Wolfram' (Beiträge zur Geschichte der deutschen Sprache und Literatur, Bd. 80, Tübingen 1958, S.269-287), S.319-340.

Franz Rolf Schröder: 'Parzivals Schuld', S.341-368.

Heinz Rupp: 'Wolframs 'Parzival'-Prolog', S.369-387.

W. u. H. Freytag: 'Zum Natureingang von Wolframs von Eschenbach Blutstropfenszene', in: "Studi Medievali" 14, 1973, S.301-334.

e) Claus Westermann: "Abriß der Bibelkunde", Stuttgart 1962.

Johannes Schildenberger / Leopold Lenter / Paul Heinz Vogel / Otto Knoch: "Die Bibel in Deutschland", Stuttgart 1965.

Leo Krinetzki OSB: "Das Alte Testament, Eine theologische Lesehilfe", Band III (Psalmen, Klagelieder, Hohes Lied und Weisheitsbücher), Freiburg 1967.

"Sprüche Salomos", hg. v. Berend Gemser, Handbuch zum Alten Testament, Bd. 16, Tübingen 1963.

"Das Alte Testament Deutsch", übers. und erl. von Helmer Ringgren, Göttingen 1962 (Teilband 16).

"Die ganze heilige Schrift", nach den Grundtexten v. Vinzenz Hamp, Meinrad Stenzel u. Josef Kürzinger, München 1979.

"Calwer Bibelkonkordanz", Stuttgart 1922.